365 Bäume

Karin Greiner • Angelika Weber
Fotos von Sabine Mey-Gordeyns

365 Bäume

Das faszinierende Natur-Tagebuch
Ein Begleiter durch die Jahreszeiten

Deutsche Verlags-Anstalt

Vorwort

Haben Sie nicht schon einmal unter einer Linde gestanden und ehrfürchtig nach oben geblickt? Waren Sie nicht von einer Eiche beeindruckt, deren Stamm Sie kaum umfassen konnten? Warten Sie nicht jedes Frühjahr darauf, dass die Birke sich endlich ihr zartgrünes Blätterkleid überstreift? Begeistert Sie nicht jeden Herbst die Farbenpracht eines Ahorns? Kurzum – steht nicht jeden Tag irgendwo ein Baum, der Sie in irgendeiner Weise beeindruckt?

Uns jedenfalls geht es so, dass Bäume – ob groß oder klein, ob altehrwürdig oder noch jung, ob gerade oder krumm – uns tagtäglich faszinieren. An Bäumen kommt eben keiner vorbei. Bäume begleiten uns, das sagt der Volksmund treffend, von der Wiege bis zur Bahre. Doch leider eilen wir nur allzu oft achtlos an ihnen vorüber, schimpfen über ihr fallendes Laub, sägen sie gedankenlos um. Und so sind auch einige Bäume in diesem Buch schon wieder Geschichte, Vergangenheit, weil sie nicht mehr da sind.

Ohne uns Menschen wäre die Erde weitgehend von Bäumen bedeckt. Begegnete man den Bäumen früher vor allem mit Verehrung als standhafte Bindeglieder zwischen Himmel und Erde, steht heute eindeutig ihre Nutzbarkeit im Vordergrund. Der Wert eines Baums wird rein wirtschaftlich betrachtet – doch wo bleibt die Wertschätzung? Dafür, für Respekt vor dem Lebewesen Baum, für den Schutz der Wälder kann sich nur einsetzen, wer Bäume auch kennt. Sind uns nicht viele Erkenntnisse über Bäume unerschlossen geblieben, ja verloren gegangen … obwohl der Baum kulturgeschichtlich doch mit allen Völkern dieser Welt innig verbunden ist?

So haben wir uns voller Elan in dieses Buch vertieft. Und Bäume völlig neu erleben und lieben gelernt. Niemand war wohl so erstaunt über die Vielfältigkeit des Themas wie wir selbst. Zudem gaben uns nicht einmal die besonders augenfälligen, die uralten, die prominenten, die exotischen oder seltenen Bäume die tiefsten Einblicke.

Die unbeachteten, die unbedeutenden, die abseits stehenden haben uns oft mehr erzählt und spüren lassen.
365 Bilder und Geschichten rund um Bäume haben wir ausgewählt, um Ihnen, unseren geschätzten Lesern, das Leben und Wirken der Bäume in möglichst vielen Facetten näherzubringen. Jeder Tag soll Ihnen die Augen ein klein wenig öffnen für das, was Bäume und Menschen verbindet. Und wir hoffen, dass Sie sich auch mit auf die Suche machen nach den Bäumen, die Ihnen etwas bedeuten – und sind gespannt auf Ihre Eindrücke und Berichte.
Wir bedanken uns ganz herzlich bei allen Beteiligten, die dieses Buch sowie das Projekt Baum-Blog ermöglicht haben, bei allen Organisationen, die der Veröffentlichung zugestimmt haben, unseren begeisterungsfähigen und geduldigen Partnern, insbesondere bei der Deutschen Verlags-Anstalt, bei Herrn Roland Thomas und Frau Monika Pitterle. Unser höchster Dank aber geht an die Bäume!

> Die Autorinnen Karin Greiner
> und Angelika Weber
> Die Fotografin Sabine Mey-Gordeyns

1. Januar

Winter juchhe!

Ein Tag zum Jubeln: Der Winter zeigt sich von seiner schönsten Seite. Kaiserwetter, die Landschaft frisch verschneit. Feiertag, Zeit, spazieren zu gehen.
Und die Bäume? Sie freuen sich auf ihre Weise, stäuben glitzernde Schneekristalle über den Wanderer.

Planst du für ein Jahr, so säe Korn.
Planst du für ein Jahrtausend, so pflanze Bäume.

Kuan Chung, chinesischer Minister, 7. Jahrhundert n.Chr.

Notizen/Geburtstage

_____

_____

_____

_____

2. Januar

Reisende

Irgendwo im Wald fällt ein Baum. Sein Stamm wird vom Hochwasser des Wildbachs mitgerissen. Auf wirbelnden Wellen, zwischen groben Steinblöcken, holpert und poltert der Stamm zu Tal. Mit den trägen Fluten des großen Stroms gelangt er schließlich ans Meer. Gischtende Wogen heben ihn auf die offene See, doch irgendwie spült ihn das auflaufende Wasser wieder zurück an den Strand. Dort liegt er, zwischen ungezählten Begleitern. Irgendwann setzen Sie sich vielleicht auf den Stamm, blicken in die Ferne übers Meer, hinter sich das Land der Bäume. Und begeben sich in Gedanken auf die Reise.

Notizen/Geburtstage

_____

_____

_____

_____

3. Januar

Der Jenisch-Park in Hamburg

Einer der schönsten Parks der Hansestadt Hamburg, benannt nach Senator Martin Johann Jenisch (1793–1857), entstand einst nach der Idee einer »ornamented farm«, einem Landschaftsgut nach englischem Vorbild, in dem sich die Schönheit der Natur mit dem Nützlichen des Landbaus vereint. Jenisch gestaltete die Anlage dann behutsam zu einem klassizistischen Landschaftspark um. Dabei blieben viele Bäume erhalten, die heute als ehrwürdige Gestalten den Park prägen. Der Park selbst steht seit 2002 unter Denkmalschutz, weite Teile davon wurden als Naturschutzgebiete ausgewiesen.

Notizen/Geburtstage

4. Januar

Kreatives Scherenspiel

»Topiary« oder »Ars topiaria« ist die Kunst, Bäume, Hecken oder Sträucher durch Schnitt in Skulpturen oder Ornamente zu verwandeln. Diese Technik beherrschten bereits die »topiarius« genannten Landschaftsgärtner im alten Rom.
In der Renaissance wiederentdeckt, im Barock vielfach angewendet und heute vor allem in England sehr beliebt, werden Buchsbaum *(Buxus sempervirens)*, Eiben *(Taxus baccata)* und andere Gehölze mit viel Fantasie zu den verschiedensten Figuren geformt.

Notizen/Geburtstage

Niederländisches Freilicht-museum, Arnhem

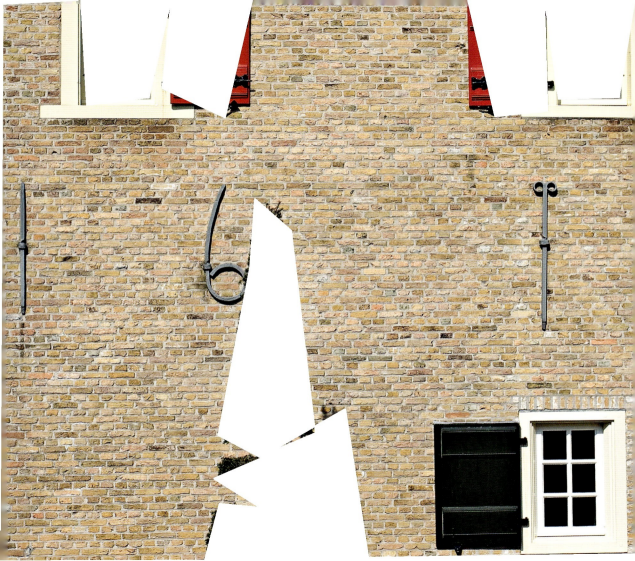

5. Januar

Noch Strauch oder schon Baum?

Viele gleich starke Stämme, nebeneinander direkt aus dem Boden sprießend, ohne erkennbare Hierarchie – das kennzeichnet einen Strauch. Zum Baum wird ein Holzgewächs durch die deutliche Gliederung in einen Stamm, der sich erst in einer gewissen Höhe über dem Erdboden verzweigt.

Notizen/Geburtstage

Hainbuchen-Ahorn
(Acer carpinifolium)

6. Januar

Zauberhaft

Mitten im Winter. Frost und Schnee haben die Natur noch fest im Griff. Doch ein paar milde Tage, schon kitzelt die Sonne aus den Knospen die ersten Blüten hervor. Zarte, zerknitterte und zerfranste Gebilde von magischer Schönheit entfalten sich. Die Zaubernuss blüht! Wird es kälter, kringeln sich die Blütenblätter zusammen und warten auf bessere Zeiten.

Notizen/Geburtstage

Zaubernuss *(Hamamelis x intermedia)*, Sorte 'Feuerzauber'

7. Januar

Baumworte

Baumstark, baumlang, baumdick. Der Baum ist mit vielen Worten tief in unserer Sprache verwurzelt. Und schon wieder verwendet ist ein Begriff, der mit Baum zu tun hat: verwurzelt. Sie als Leser blättern in diesem Buch, blättern zwischen Bäumen und Baumblättern.

Notizen/Geburtstage

_____

_____

_____

_____

8. Januar

Suchbild

Hier hat sich die Natur als Bildhauerin versucht und aus einem stolzen Baum mithilfe von Wind und Wetter eine Skulptur erschaffen. Erkennen Sie die Figur?

Notizen/Geburtstage

9. Januar

Erleuchtet

Der Leuchtturm dient der Seefahrt als weithin sichtbares Zeichen. Im übertragenen Sinn bezeichnet man mit Leuchtturm alles, was Aufmerksamkeit auf sich zieht oder Vorbildfunktion hat. Fällt nicht darunter auch ein Baum?

Notizen/Geburtstage

An der Nordseeküste
in Zeeland, Niederlande

10. Januar

Statussymbole

Sind es heutzutage Auto, Haus und Jacht, so waren es in früheren Zeiten Zitronenbäumchen, Pomeranzengärten und Orangerien, mit denen man seine gesellschaftliche Stellung zeigte und sein Ansehen mehrte. Der Adel wie auch das zu Wohlstand gekommene Bürgertum wetteiferten ab der Barockzeit darum, wer die reichhaltigste Sammlung an Zitrusgewächsen vorweisen konnte. Um die kälteempfindlichen Bäumchen auch im Winter standesgemäß präsentieren zu können, erfand man statt beheizbarer Holzverschläge luxuriöse Glasbauten – die ersten Gewächshäuser. In diesen Orangerien wuchsen den Gästen bei festlichen Banketten die erlesenen Früchte direkt in den Mund.

Notizen/Geburtstage

11. Januar

Wo die Zitronen blühen …

… liegt oft das Land unserer Sehnsucht. Zitronen *(Citrus limon)* sind besonders wärmebedürftig und gedeihen am besten in mediterranen Gefilden – dort blühen und fruchten sie rund ums Jahr.

Kennst du das Land, wo die Zitronen blühn,
Im dunklen Laub die Goldorangen glühn?
Ein sanfter Wind vom blauen Himmel weht,
Die Myrte still und hoch der Lorbeer steht,
Kennst du es wohl?
Dahin! Dahin!
Möcht ich mit dir,
o mein Geliebter, ziehn!

Johann Wolfgang von Goethe (1749–1832)

Notizen/Geburtstage

_____

_____

_____

_____

12. Januar

An die Bäume im Winter

Gute Bäume, die ihr die starr entblätterten Arme
Reckt zum Himmel und fleht wieder den Frühling herab!
Ach, ihr müsst noch harren, ihr armen Söhne der Erde,
Manche stürmische Nacht, manchen erstarrenden Tag!
Aber dann kommt wieder die Sonne mit dem grünenden Frühling
Euch; nur kehret auch mir Frühling und Sonne zurück?
Harr geduldig, Herz, und bringt in die Wurzel den Saft dir!
Unvermutet vielleicht treibt ihn das Schicksal empor.

Johann Gottfried von Herder (1744–1803)

Notizen/Geburtstage

_____

_____

_____

_____

_____

13. Januar

Die wahren Meister

Bäume sind Meister der Baukunst, gleichzeitig perfekt im Materialsparen. Sie bilden ihre Stämme exakt nach den Anforderungen aus, um ihre Krone tragen und Stürmen widerstehen zu können. Dabei ist nicht Ebenmäßigkeit gefragt, sondern höchste Effizienz. So entstehen Beulen, Buckel und Rippen am Stamm, um Belastungen durch Druck und Zug standzuhalten. Ganz nach Bedarf wird in genau den erforderlichen Bereichen mehr oder weniger Holz eingebaut, so genanntes Reaktionsholz, um die Statik zu stabilisieren.

Notizen/Geburtstage

Eiche *(Quercus)*

14. Januar

Tiefgefroren

Tagestemperatur: Minus 20 Grad Celsius. Da frösteln wir schon bei der bloßen Vorstellung und hüllen uns in Pullover, Daunenjacke, Mütze, Schal und Handschuhe. Doch was machen Bäume? Nackt, ihrer Blätter entledigt, ertragen sie gelassen den Frost. Sie haben ihr Gewebe mit einer Art »Frostschutzmittel« angereichert. Vergleichbar mit dem Kühlwasser im Auto, setzt das Frostschutzmittel den Gefrierpunkt stark herab. So lässt sich's aushalten.

Notizen/Geburtstage

15. Januar

Wärmendes Laub

Noch hängen sie an den Zweigen, doch die Blätter der Eiche sind bereits abgestorben. Sie dienen dem Baum als Wärmeschutz, bewahren die neuen Knospen für den Frühjahrsaustrieb, aber auch vor allzu starker Sonneneinstrahlung. Erst wenn die neuen Blätter bereits wieder treiben, fällt das alte Laub endgültig – außer heftige Winterstürme reißen es schon vorher ab.

Notizen/Geburtstage

Roteiche *(Quercus rubra)*

16. Januar

Weisheit der Wälder

Der heilige Bernhard von Clairvaux (1090–1153) war einer der bedeutendsten Zisterziensermönche, der die Tempelritter glorifizierte und sich für die Kreuzzüge einsetzte. In einem Brief an den Abt Heinrich Murdach schreibt er: »Du findest mehr in den Wäldern als in den Büchern. Die Bäume und die Steine werden dich Dinge lehren, die dir kein Mensch sagen kann.«

Notizen/Geburtstage

_____

_____

_____

_____

17. Januar

Reifröcke

Es ist kalt, die Luft feucht. Wasserdampf schlägt sich auf Zweigen und Ästen nieder und friert dort zu einem kristallinen Belag, dem Reif. Es wirkt, als habe es frisch geschneit. Sinken die Temperaturen bei sehr hoher Luftfeuchtigkeit unter minus 8 Grad Celsius, entstehen nadelförmige Eiskristalle – Raureif. Tage, an denen solche Phänomene die Bäume verzaubern, sind selten und – von der Sonne zum Strahlen gebracht – besondere Geschenke.

Notizen/Geburtstage

18. Januar

Hoffnung auf Heilung

Eiben *(Taxus)* lagern bevorzugt in ihrer Rinde Taxane ein. Dies sind spezielle Inhaltsstoffe, welche die Zellteilung hemmen. Die Bäume schützen sich so vor Fraßfeinden. Um 1965 entdeckten Wissenschaftler, dass diese Substanzen das Wachstum von Tumoren hemmen, seit den 1990er Jahren setzt man sie erfolgreich gegen bestimmte Krebserkrankungen ein. Allerdings ist eine Therapie extrem teuer, denn für die Therapie eines Patienten ist die Rinde von zwei alten Eiben nötig – noch dazu von der seltenen und überaus langsam wachsenden pazifischen Eibe *(Taxus brevifolia)*. Damit lässt sich der Weltbedarf nicht decken.
Es ist jedoch gelungen, Medikamente gegen Krebs aus den rasch nachwachsenden Nadeln der häufigen europäischen Eibe *(Taxus baccata)* herzustellen. Das bringt unzähligen Patienten neue Hoffnung im Kampf gegen ihre Krankheit.

Notizen/Geburtstage

Rinde einer europäischen Eibe *(Taxus baccata)*

19. Januar

Zimt zum Bestaunen

Was sich hier in seidigen Rollen ablöst und monatelang als Zierrat hängen bleibt, sieht aus wie Zimtrinde. Die Ähnlichkeit in der Farbe und in der Art, wie sich der Stamm seiner obersten, durch Dickenwachstum allmählich zu eng werdenden Schicht entledigt, mit echten Zimtstangen hat dieser Ahornart den Namen Zimt-Ahorn eingetragen. Das duftende Gewürz dagegen stammt vom Ceylon-Zimtbaum *(Cinnamomum verum)*, eine weniger edle Variante von der Zimt-Kassie *(Cinnamomum cassia)*, beides tropische Bäume und in hiesigen Breiten kaum zu kultivieren. Der Zimt-Ahorn *(Acer griseum)* aber stammt aus Westchina und fühlt sich in unserem Klima wohl. Seit 1901 wird er in europäischen Gärten gezogen.

Notizen/Geburtstage

_____

_____

_____

_____

20. Januar

Verruchte Dessous

Geishas gleich hüllen sich Ahornarten aus Ostasien den Sommer über züchtig in einen blickdichten Blätterkimono. Erst im Winter entblößen sich die Bäume und zeigen ungeniert ihre extravagante Unterwäsche. In Farbenspiel und Musterung erinnert sie an Schlangenleder. Eben deshalb nennt man diese Bäume auch Schlangenhaut-Ahorne.

Notizen/Geburtstage

Roter Schlangenhaut-Ahorn
(Acer capillipes)

21. Januar

Grüne Lunge

Städte und Ballungsräume atmen mit ihren grünen Lungen auf: Parks wirken wie riesige Filteranlagen, versorgen die dicht bebauten Gebiete mit frischer Luft. Je mehr Bäume in den Anlagen stehen, desto effizienter ist die Luftreinigung, desto mehr wird Staub aus der Luft gebunden und Sauerstoff produziert. Wichtig sind Parkanlagen für die urbane Bevölkerung aber nicht allein wegen der Verbesserung der Luftqualität, sondern generell als Erholungsraum. Grüne Inseln im grauen Asphalt- und Betonmeer.

Notizen/Geburtstage

Jenisch-Park, Hamburg

22. Januar

Paläste für Palmen

Nachdem Anfang des 19. Jahrhunderts die Zentralheizung erfunden war und die Ingenieure es verstanden, riesige Glasgebäude mithilfe von Stahlkonstruktionen zu errichten, entstanden in den Metropolen prächtige Glaspaläste. In diesen überdimensionalen Gewächshäusern wurden einem staunenden Publikum exotische Pflanzen präsentiert, insbesondere Palmen. In vielen Städten kann man Palmenhäuser besuchen, deren Architektur ebenso begeistert wie die tropische Flora darin.

Notizen/Geburtstage

Palmenhaus im Hortus Botanicus Amsterdam, Niederlande

23. Januar

Scherenschnitt des Winters

Kein noch so begnadeter Künstler bringt ein solches Bild zustande, das die Natur hier mit Baum, Himmel und Schnee erschafft. Aber: Es unterliegt dem Zauber des Augenblicks. Wird es nur ein wenig wärmer, bezieht sich der Himmel mit Wolken oder bläst der Wind, ist das Kunstwerk dahin – und weicht einem neuen.

Notizen/Geburtstage

24. Januar

Schützender Wald

Ein strahlender Wintertag in den Alpen, es hat über Nacht frisch geschneit. Plötzlich durchbricht ein donnerndes Geräusch die Stille der Bergwelt. Die lockere Neuschneeauflage ist ins Rutschen gekommen und stürzt als Lawine zu Tal. Bäume vermögen die rasenden Schneemassen oft zu stoppen – damit wird eine der augenfälligsten Aufgaben des Bergwalds klar.

Notizen/Geburtstage

Im Bärgunttal, Kleinwalsertal, Österreich

25. Januar

Home-Design

Glattes Glas vereint mit knorrigem Holz – das ergibt einen spannenden Kontrast. Der Gegensätze lassen sich angesichts dieser dekorativen Kombination noch viele weitere finden: unbelebte Materie und lebendiges Material, mineralisch – biologisch, zerbrechlich – derb, durchsichtig – massiv...
Mit einer alten Baumwurzel, einem groben Ast oder einem Rindenstück hat man stets ein wunderbares Designobjekt zur Hand, aus dem sich mit geringstem Aufwand eine einzigartige Dekoration schaffen lässt.

Notizen/Geburtstage

26. Januar

Hüter der Bäume

Im Klassiker der Fantasy-Literatur *Herr der Ringe* lässt John Ronald Reuel Tolkien (1892–1973) als Ausdruck seines Zorns über die Zerstörung der Natur Baumgestalten zu lebendigen Kriegern werden. Die Baumhirten Ents sehen Bäumen sehr ähnlich und wirken als Beschützer der Bäume. Sie sind zwar nicht unsterblich, können aber sehr alt werden. Ihre Gedanken kreisen ungemein langsam, bis zu einem Entschluss vergeht lange, lange Zeit. Doch wenn einmal ihr Zorn erregt ist, kann sie nichts mehr aufhalten.
Huorns wiederum sind unbewegliche, beseelte Bäume, die alle anderen Bäume in ihrer Umgebung unter ihren Schutz nahmen.
Sie können mit ihren Blättern und Zweigen andere Pflanzen beeinflussen, Lichtungen und Waldwege plötzlich verschwinden lassen. Nur sehr selten erwachen sie aus ihrem verwurzelten Baumdasein – dann aber mit ungeahnter Macht und Energie.

Notizen/Geburtstage

27. Januar

Schmetterlinge der Bäume

Auf dem alten, abgestorbenen Baumstamm scheint sich ein Schwarm farbenprächtiger Falter niedergelassen zu haben. Doch es flattert nichts, denn hier sprießen Pilze. Es sind Schmetterlingstrameten *(Trametes versicolor)*, deren derbe, zähe, weiß geränderten Hüte sich in Etagen am Stamm aufreihen. Im Inneren durchzieht ein feines, fädiges Geflecht das Holz und löst es allmählich auf.

Notizen/Geburtstage

28. Januar

Wandeln unter Linden

Das einst mächtige Schloss in der alten Künstlerstadt Dachau in Bayern wurde seinem Status gemäß mit prächtigen Außenanlagen umgeben. Von der ursprünglich vierflügeligen Sommerresidenz der Wittelsbacher, von der heute nur noch ein Teil erhalten ist, führt immer noch eine Lindenallee durch den barocken Schlossgarten mit seinen ausgedehnten Obstbaumwiesen und bunten Rabatten zum Englischen Garten. Unter den alljährlich kunstvoll zu einem Laubengang beschnittenen Linden lässt es sich gut wandeln, im Sommer wie im Winter.

Notizen/Geburtstage

29. Januar

Dünenfestiger

Vom Seewind zerzaust, von der Gischt gesalzen, vom Sand gescheuert – an der Küste hat es ein Baum nicht leicht. Haben seine Wurzeln aber erst einmal im losen Sand Fuß gefasst, verändert er die Bedingungen sofort. Im Windschatten seiner Zweige sammelt sich Material, festigt sich und wird zum Lebensraum für andere Gewächse. Bald wird aus der wandernden Düne ein stabilerer Hügel.

Notizen/Geburtstage

Auf der westfriesischen Insel Texel

30. Januar

Linde – Baum der Herzen

Ist es Zufall, dass Lindenblätter herzförmig sind und sich Liebende gern unter Linden küssen? Diese Linde steht vor dem Rathaus von Oisterwijk in Brabant (Niederlande), ihre Äste sind kunstvoll zu einem Laubendach gezogen. Unter ihrer schönen Krone geben sich Hochzeitspaare das Ja-Wort.

Sieh das Lindenblatt, du wirst es wie ein Herz gestaltet finden, drum sitzen die Verliebten auch am liebsten unter Linden.

Heinrich Heine (1797–1856)

Notizen/Geburtstage

_____

_____

_____

_____

31. Januar

Lebenslang voller Energie

Selbst im hohen Alter stecken Linden *(Tilia)* noch voll jugendlicher Kraft. Bricht ein Ast oder beschneidet man die Krone, treiben sogleich wieder frische Zweige nach – und dies unermüdlich, so oft sich der Verlust wiederholt. Ungezügelt, überschäumend, durch nichts zu brechen scheint der Lebenswille des Baums.
Quell des Jungbrunnens sind schlafende Augen. Das sind Knospen, die als eiserne Reserve kaum erkennbar unter der Rinde liegen. Der Baum legt sie vorsorglich an, um verlorene Äste und Zweige ersetzen zu können. Gelangt plötzlich Licht an vorher beschattete Bereiche des Stamms, weckt dies die ruhenden Knospen aus ihrem Dornröschenschlaf.

Notizen/Geburtstage

1. Februar

Hier wohnt der Frühling

Verpackt in dicke Pelze überdauern die Blüten der Tulpen-Magnolie *(Magnolia x soulangeana)* den Winter und warten geduldig auf den Einzug des Frühlings. Bereits im Herbst sind die Knospen entstanden, versteckt zwischen den noch grünen Blättern. Dank derber Außenhülle und weitgehend entwässert, dafür angereichert mit Frostschutzmittel macht den zarten Geweben im Inneren der Knospen selbst anhaltend strenger Frost nichts aus.

Notizen/Geburtstage

2. Februar

Prestige-Objekte

Bäume können das Ansehen eines stattlichen Hauses steigern. Dass hier Reichtum und Luxus zu Hause sind, zeigen strenggeschnittene Hecken und Baumkronen. Kostbare und penibel gepflegte Gehölze können ebenso als Statussymbole dienen wie teure Karossen in der Einfahrt.

Notizen/Geburtstage

In den Gärten von Ineke Greve

3. Februar

Markant an der Waterkant

Bevor der Hamburger Kaufmann Caspar Voght um 1800 seinen Sommersitz mit großzügigem Park in Hamburg Klein Flottbek anlegen ließ, standen auf dem Gelände bereits alte Eichen. Man schätzt, dass sie aus dem 17. Jahrhundert stammen – zumindest eine davon steht noch heute auf festen Wurzeln. Neben Buchen und Ahornen sind es vor allem Eichen, die bis heute der Parkanlage im englischen Stil ihr Gerüst verleihen.

Notizen/Geburtstage

Trauben-Eiche *(Quercus petraea)* im Jenisch-Park, Hamburg

4. Februar

Baumzeiten

Bäume begleiten durch die Geschichte der Welt. Für jedes Zeitalter lässt sich ein charakteristischer Baum finden. Die Platane steht für das klassische Altertum, die Linde für die Zeit des Minnesangs, die Buche für die Gotik. Das Barock symbolisiert die Kastanie, das Rokoko die Pomeranzen. Die Eiche ragt aus der Zeit Bismarcks, der Ginkgo umspielt den Jugendstil. Welcher Baum aber kennzeichnet die Gegenwart?

Notizen/Geburtstage

5. Februar

Balsamisch

Die Nadeln von Kiefern *(Pinus)* enthalten reichlich Harze und ätherische Öle. Harze sind zähe, nicht flüchtige Gemische aus Kohlenwasserstoffen, sie erstarren an der Luft zu glasartiger, gelbbräunlicher Masse. In den Nadeln sind diese Harze stets vermischt mit ätherischen Ölen, die wiederum leicht verdunsten. Ein Gemisch aus diesen beiden Komponenten bleibt zähflüssig, klebrig und verströmt lange Wohlgeruch.
Den Bäumen dient das Harz als Wundverschlussmittel, mit ätherischen Ölen suchen sie Fraßfeinde fernzuhalten.

Notizen/Geburtstage

6. Februar

Innig verhaftet

Kaum ein Gewächs ist den Bäumen unserer heimischen Flora so verbunden wie der Efeu *(Hedera helix)*. Mithilfe von Haftwurzeln erklimmt er die Stämme, windet sich dabei spiralig herum, verwebt seine Triebe schließlich zu einem Netz. Junge Sprosse tragen die typischen drei- bis fünflappigen Blätter, ältere dagegen rautenförmige.
Entgegen weit verbreiteter Meinung erwürgt der Efeu den Baum nicht. Solange er nicht in der Höhe allzu reichlich grünt und damit dem Laub der Krone das Licht streitig macht, lebt er mit dem Baum in einträchtiger Harmonie.

Notizen/Geburtstage

7. Februar

Heitere Ansichten

Der Nationalpark Het Groene Woud (Der grüne Wald) liegt in der Provinz Nord-Brabant in den Niederlanden nahe Eindhoven. In ihm sollen die kleinräumigen und für Holland so typischen Biotope und Kulturlandschaften erhalten werden. Lockere Baumgruppen wechseln mit dichten Waldbereichen und verlandenden Seen, zahlreiche selten gewordene Pflanzen und Tiere sind hier anzutreffen. Viele Waldstücke gründen sich auf sandige Böden, dort kann sich die Kiefer *(Pinus sylvestris)* gut behaupten. Wo der Untergrund feuchter und lehmiger wird, wandelt man unter Buchen *(Fagus sylvatica)*. Dank eines weitläufigen, bestens gepflegten Rad- und Wanderwegenetzes lässt sich die einmalige Landschaft gut erkunden.

Notizen/Geburtstage

8. Februar

Optimistisch

Jedesmal wenn dich Unglück trifft,
pflanze einen Baum;
der Schatten eines Wäldchens
wird dich bald erfreuen.

Arabisches Sprichwort

Notizen/Geburtstage

9. Februar

Der General

Vor der Eiszeit auch in Europa heimisch, heute Touristenattraktion in Kalifornien: Riesenmammutbäume *(Sequoiadendron giganteum)*. Nach »General Sherman« gilt »General Grant« als der zweitgrößte lebende Baum der Erde. Höhe: 81,1 Meter. Stammdurchmesser: 8,85 Meter. Volumen: 1357 Kubikmeter. Alter: 1500 bis 1900 Jahre.

Notizen/Geburtstage

10. Februar

Weder Farn noch Baum

Ein Schopf Farnwedel breitet sich zu einer Schirmkrone an der Spitze eines narbigen Stamms aus. Es ist ein Baumfarn, ein Vertreter einer urtümlichen Pflanzengruppe. Baumfarne bildeten zusammen mit Bärlapp- und Schachtelhalmgewächsen schon vor rund 300 Millionen Jahren riesige Wälder. Ihre Stämme bestehen anders als bei richtigen Bäumen nicht aus Holz, sondern aus abgestorbenen Wedelresten und Wurzelwerk. Die Überreste dieser Wälder verheizen wir in Form von Steinkohle.
In tropischen Regionen sind Baumfarne bis heute zu finden. Die »lebenden Fossilien« werden in Tropenhäusern zur Schau gestellt, in wintermilden Gegenden auch in Pflanzensammlungen und Gärten ausgepflanzt.

Notizen/Geburtstage

Australischer Taschen- oder Beutelfarn *(Dicksonia antarctica)*

11. Februar

Vorwiegend heiter

Rund um das Mittelmeer wächst eine Baumart, deren silbrig-rotbraune, oft malerisch gewundenen Stämme schirmförmige Büschel mit smaragdgrünen Nadeln in den azurblauen Himmel heben. Ihr Anblick trägt wesentlich zum idyllischen Bild der beschwingten, lichtdurchfluteten Landschaften bei.
Es ist die Aleppo-Kiefer *(Pinus halepensis)*, die häufigste Kiefernart des mediterranen Raums. Und doch steht sie seit 1998 auf der Roten Liste der bedrohten Arten der IUCN (International Union for the Conservation of Nature and Natural Resources).

Notizen/Geburtstage

Aleppo-Kiefer an der Westküste Mallorcas

12. Februar

Kanal voll

Bäume durchziehen das Erdreich mit ihren Wurzeln – auf der Suche nach Wasser. Dabei verfolgen sie wohl stets den Weg des geringsten Widerstands. Treffen die Wurzeln auf Wasserrohre und -kanäle, dringen sie unter Umständen in sie ein. In den Rohren und Kanälen wuchern sie kräftig und können sie sogar komplett verstopfen. Es erfordert immensen Aufwand an Technik und finanziellen Mitteln, durchwurzelte Leitungen zu ersetzen und verwachsene Kanalsysteme zu räumen.

Notizen/Geburtstage

13. Februar

Strategie für den Winter

Warum werfen Laubbäume vor dem Winter ihre Blätter ab? Es ist eine Taktik, mit der Bäume die kalte Jahreszeit überdauern. Frost würde die flächigen Blätter schnell zerstören, also stößt sie der Baum als Ballast ab. Doch neben der Kälte würden Laubbäume im Winter auch unter extremer Trockenheit leiden. Was paradox klingt, ist schnell erklärt: Ist der Boden gefroren, kann der Baum über seine Wurzeln kein Wasser aufsaugen und es in die Höhe pumpen. Wären ganzjährig Blätter vorhanden, würden sie an schönen, milden Tagen reichlich Wasser verdunsten, was von unten nicht nachgeliefert werden kann. Unter dicker Rinde und mit nahezu wasserdicht verpackten Knospen gelingt es den winterkahlen Bäumen dagegen gut, selbst strenge Winter zu überstehen.

Notizen/Geburtstage

Silberweide *(Salix alba)* im Englischen Garten in München

14. Februar

Zeichen der Liebe

»Ich schnitt es gern in alle Rinden ein ...«, dichtete Wilhelm Müller (1794–1827) in seinem Werk *Ungeduld*, »... dein ist mein Herz und soll es ewig, ewig bleiben.« Vertont von Franz Schubert (1797–1828) wurde das Gedicht bald zum beliebten Volkslied. Das Pärchen am Baum, das verklärt Herzchen, Namen oder Initialen hineinschnitzt, fand sich weit verbreitet als Motiv für Postkarten und Bilder.
Ungezählt sind die Schnitzwerke vieler Verliebter, die ihre traute Zweisamkeit einem Baumstamm eingeritzt haben. Mit dem Baum soll so auch die Liebe wachsen. Es ist nicht unwahrscheinlich, dass der Baum die ihm eingeritzte Tätowierung viel, viel länger trägt als die Liebe der Urheber währt.

Notizen/Geburtstage

_____

_____

_____

_____

15. Februar

Kienspäne und Kienäpfel

Ein längliches Stück Kiefernholz mit reichlich Harz diente bis ins 19. Jahrhundert als Beleuchtungsmittel. Der Kienspan wurde in einen metallenen oder tönernen Halter geklemmt, bisweilen auch einfach als eine Art Taschenlampe zwischen den Zähnen festgehalten.
Kienäpfel nennt man die Zapfen der Kiefern. Die holzigen Samenträger öffnen sich bei Trockenheit, schließen sich bei hoher Luftfeuchtigkeit, daher kann man sie als eine Art Barometer verwenden.

Notizen/Geburtstage

Waldkiefer oder Föhre *(Pinus sylvestris)*

16. Februar

Glitzernder Vorhang

Die Morgensonne bringt die Tropfen des nächtlichen Regenschauers in den Ästen zum Funkeln. Allmählich perlen sie entlang der feinen Zweige nach unten, lösen sich von den Spitzen und tränken schließlich den Boden unter der Krone. Das Nass tröpfelt ähnlich wie bei einem aufgespannten Regenschirm also außen an der Baumkrone herab, an der so genannten Kronentraufe. Genau in diesem Bereich befindet sich im Boden die Hauptmasse der feinen Saugwurzeln, die das Wasser aufnehmen. Der Baum leitet das Wasser also gezielt dorthin, wo er es braucht.

Notizen/Geburtstage

Im Botanischen Garten von München

17. Februar

Sehnlich erwartet

Jedes Jahr aufs Neue kann man es kaum erwarten, dass die Natur endlich aus ihrer Winterruhe erwacht. Und jedes Jahr aufs Neue, wenn die Tage wieder länger werden, beweisen es Blütenbäume mit ihren Knospen, dass der Winter ein Ende haben wird.

Das Schöne am Frühling ist, dass er immer dann kommt, wenn man ihn am dringendsten braucht.

Jean Paul (1763–1825)

Notizen/Geburtstage

18. Februar

Hübsch gefächert

Bäume lassen sich mittels strengen Schnitts und nachdrücklicher Anbindung in ungeahnte Formen zwingen. Ein Gestell aus Stahl oder Holz dient als Gerüst, an dem die Zweige orientiert werden. Statt der üblichen runden oder kegelförmigen Krone trägt dieser Baum nun auf seinem Stamm drei Flügel und wirkt wie ein überdimensioniertes Windrad.

Notizen/Geburtstage

_____

_____

_____

_____

19. Februar

Sprühender Charme

Japanische Zeder, Sicheltanne oder Sugi *(Cryptomeria japonica)* nennt man dieses asiatische Nadelgehölz mit den rundum von spitzen, nadeligen Schuppen bedeckten Zweigen. Diese Kulturform zeigt, dass Nadelgehölze durchaus einen spritzigen, fröhlichen Charakter haben können. Rund 50 Sorten in unterschiedlichsten Wuchsformen stehen für Gärtner zur Auswahl. Man sollte danach aber schon in einer gut sortierten Baumschule nachfragen, denn Sicheltannen gehören noch immer zu den Exoten unter den Gartengehölzen.

Notizen/Geburtstage

_____

_____

_____

_____

20. Februar

Wahrzeichen im Park

In Hamburger Stadtteil Nienstedten liegt der Hirschpark, in dem noch heute ein Gatter mit Hirschen zu finden ist. Ursprünglich hieß die Anlage Godeffroys Park, nach der Kaufmanns- und Reederfamilie Godeffroy, die den Park Ende des 18. Jahrhunderts anlegen ließ. Schon damals wurde dieser Bergahorn *(Acer pseudoplatanus)* gepflanzt. Er prägt wie viele andere alte Bäume den Park, trotz mehrmaliger Umgestaltung.

Notizen/Geburtstage

21. Februar

Starkes Stück

Ein Bergahorn *(Acer pseudoplatanus)* kann rund 500 Jahre alt werden und rund 30 Meter Wuchshöhe erreichen. Gewöhnlich entwickelt er einen durchgehenden, kräftigen Stamm, der bei freiem Stand eine nahezu perfekt halbkugelige Krone trägt. Beim hier abgebildeten Exemplar scheinen viele Bäume in enger Gemeinschaft zu einem Baum zusammen gewachsen zu sein, der tief gefurchte Stamm mit rund 6 Metern Umfang teilt sich schon bald in viele kräftige Stämme. Trotz seines noch »jugendlichen« Alters von mehr als 200 Jahren trägt der Stamm eine mächtige Krone von mehr als 25 Meter Höhe. Ob er wohl stark genug ist, die Äste weitere Jahrhunderte in rekordverdächtige Höhe zu heben?

Notizen/Geburtstage

Bergahorn im Hamburger Hirschpark

22. Februar

... und die ganze Vogelschar

Vier Fünftel aller heimischen Vogelarten leben im Wald oder am Waldrand. Je nach Waldtyp fühlen sich darin ganz unterschiedliche Vögel wohl. In Kiefernwäldern auf Sandböden kann man mit viel Glück den seltenen Ziegenmelker beobachten. Der dämmerungsaktive Vogel jagt Fluginsekten. Meist hört man ihn von seiner Singwarte auf den Bäumen. Fast die ganze Nacht hindurch klingt es, als ob Kröten knarren, ein Moped fährt oder jemand reichlich Ohrfeigen verteilt.

Notizen/Geburtstage

Vogelbeobachtungsstation im Naturschutzgebiet Kampina, Brabant, Niederlande

23. Februar

Die Aussichten

Eine alte Bauernregel besagt: Wenn's Ende Hornung nicht tüchtig wintert, eiszapfet es an Ostern. Diese alte Weisheit bewahrheitet sich oft. Nicht nur den Bäumen ist es lieber, jetzt steif gefroren zu verharren, als aus der Winterruhe geweckt später noch einen weißen Hut zu bekommen.

Notizen/Geburtstage

_____

_____

_____

_____

24. Februar

Einklang der Elemente

Bonsai, eine uralte fernöstliche Gartenkunst, strebt die harmonische Darstellung von drei Elementen an. Die belebte Natur wird meist durch einen Baum symbolisiert, die Naturkräfte werden durch Stein und feinen Kies versinnbildlicht. Die Pflanzschale wiederum steht für den Menschen, der das Werk mit seiner Hände Arbeit geschaffen hat.
Die Schale muss für jeden Baum mit größter Sorgfalt ausgewählt werden, denn sie übernimmt gleichsam die Funktion des Rahmens für ein Bild. Dasselbe gilt für den Platz der Präsentation, den Hintergrund sowie begleitende Elemente. Die rote Wand steht in höchstem Kontrast zum Grün der Baumkrone, auf der Schriftrolle ist zu lesen: »In Sicherheit und mit unserer tiefen Ruhe verbunden.«

Notizen/Geburtstage

Buddhistischer Tempel in Richmond, British Columbia, Kanada

25. Februar

Bald zeigt sich frisches Grün

Ein zarter Hauch von Frühling lässt sich schon erahnen, die Zweigvorhänge der Trauerweide (*Salix alba* 'Tristis') leuchten verheißungsvoll in den wärmenden Sonnenstrahlen. Zwischen den gelben Zweiggirlanden spitzen Misteln hervor, die während des Winters im kahlen Geäst für grüne Lichtblicke sorgten. Doch bald werden sie verschwunden sein hinter frischen Blättern, die aus den schwellenden Knospen hervorbrechen.

Notizen/Geburtstage

26. Februar

Die Natur als Bildhauerin

Durch Erosion entstehen solch eigentümliche Gestalten, wenn über weichem Gestein eine harte Schicht liegt und wie ein Hut die Abschwemmung verhindert. Man könnte fast meinen, Mutter Natur hätte sich die umstehenden Bäume zum Vorbild für ihre bildhauerischen Künste genommen.

Notizen/Geburtstage

Im Crater Lake Nationalpark, Oregon, USA

27. Februar

Siamesische Zwillinge

Bäume in trauter Zweisamkeit gelten seit jeher als Symbol für die ewige Liebe. Ihre Kronen verweben sich ineinander, wirken wie die eines Baums. Nur im Winter eröffnet der Blick auf solche Zwillingsbäume, dass zwei Individuen nahe beieinander stehen. Umflochten vom Efeu erhöht sich die Symbolkraft dieser Exemplare noch. Efeu steht als immergrüne Pflanze für Treue und ewiges Leben, als Kletterpflanze ist er Sinnbild für innige Freundschaft.

Notizen/Geburtstage

Robinien (*Robinia pseudoacacia*) im Botanischen Garten, München

28. Februar

Der letzte Baum

So wie die Sonne untergeht,
Gibt's einen letzten Baum,
Der, wie in Morgenflammen, steht
Am fernsten Himmelssaum.
Es ist ein Baum und weiter nichts
Doch denkt man in der Nacht
Des letzten wunderbaren Lichts,
So wird auch sein gedacht.
Auf gleiche Weise denk ich dein,
Nun mich die Jugend lässt,
Du hältst mir ihren letzten Schein
Für alle Zeiten fest.

Friedrich Hebbel (1813–1863)

Notizen/Geburtstage

_____

_____

_____

_____

29. Februar

Bären und Bäume

Allgemein wird immer wieder behauptet, dass Bären nicht auf Bäume klettern können. Doch das stimmt nur bedingt. Während Grizzlys wie dieser hier lieber am Boden bleiben, sind vor allem junge Schwarzbären sehr gute Kletterkünstler, auch ältere steigen durchaus in die Wipfel, wenn sie es für lohnend ansehen. Ihre starken Krallen benutzen Bären dabei wie Steigeisen.

Notizen/Geburtstage

1. März

Winterquartier

Bäume gewähren vielen Tieren im Winter eine Zuflucht. In hohlen Stämmen, in Rindenritzen, unter loser Borke, zwischen Wurzeln und abgeworfenem Laub macht es sich eine Heerschar von großen und kleinen Tieren bequem, um die kalte Zeit zu überstehen. Marienkäfer etwa ziehen sich in Spalten und Risse in derben Rinden oder Hohlräumen unter Borkenplatten zurück. Dort sind sie vor Fraßfeinden gut versteckt und nicht unmittelbar dem Frost ausgesetzt. Temperaturen bis minus 15 Grad Celsius halten sie gut aus, haben sie ihre Körperflüssigkeit doch mit reichlich »Frostschutzmittel« angereichert. Sobald es wärmer wird, kommen sie aus ihren Verstecken heraus – auf der Suche nach Nahrung.

Notizen/Geburtstage

2. März

In die Haseln gehen

Haseln *(Corylus avellana)* wachsen zu großen Sträuchern oder kleinen Bäumen. Ihr dichtes Astwerk trägt reichlich nahrhafte Früchte, deshalb gilt das Gehölz seit alters her als Symbol für Zeugungskraft und Fruchtbarkeit. Ganz nebenbei schützt es vor unerwünschten Blicken. Was also Wunder, dass man sich dahinter der Liebe hingab. Wer in die Haseln geht, trifft heimlich seine Liebste. Aus der Hasel entsprungen nennt man denn auch, wenn das Rendezvous Folgen hat, nämlich uneheliche Kinder.

Notizen/Geburtstage

_____

_____

_____

_____

3. März

Stäubende Kätzchen und blutrote Sternchen

Haseln *(Corylus avellana)* gehören zu den Gehölzen unserer Heimat, die mit ihrer Blütezeit den Frühling einläuten. Aus den baumelnden Kätzchen stäubt es gelb heraus – es sind die männlichen Blüten, die ihren Pollen entlassen. Vom Wind getragen gelangt er zu den weiblichen Blüten. Man erkennt die winzigen Gebilde nur bei genauem Hinsehen: Filigrane Fäden in dunklem Rot recken sich aus knubbeligen Knospen direkt an den Zweigen.

Am Haselnussstrauche in gelbgrüner Flut
Gold stäubende Kätzchen hangen.
Dazwischen sind mit roter Glut
Blutsternchen aufgegangen.

Hermann Löns (1866–1914)

Notizen/Geburtstage

4. März

Baum der blauen Augen

Über dem Taubental bei Uchisar in Kappadokien haben Händler einen Baum mit den »Blauen Augen« *(Nazar Boncuk)* geschmückt. Diese Amulette sollen vor dem bösen Blick schützen und werden in der Türkei überall aufgehängt – bevorzugt in der Nähe der Tür – in Wohnungen, Autos, Geschäften. Man trägt sie in kleinerer Ausfertigung aber auch als Schlüsselanhänger, Anstecker oder Halsschmuck.

Notizen/Geburtstage

5. März

Baumbärte

Flechten, das sind Lebensgemeinschaften aus Algen und Pilzen, besiedeln gern auch Bäume. Sie kommen in Form von Krusten, ähnlich Moosen, oder auch wie winzige Sträucher gestaltet vor. Bei besonders reiner Luft und stets hoher Luftfeuchtigkeit gedeihen solche Bartflechten, die man auch als Baumbärte bezeichnet. Flechten wachsen sehr, sehr langsam, oft nur ein paar Millimeter, selbst unter besten Bedingungen höchstens wenige Zentimeter pro Jahr. Sie schaden dem Baum übrigens nicht, sondern nutzen ihn nur als Unterlage.

Notizen/Geburtstage

_____

_____

_____

_____

6. März

Das Rauschen der Stämme

Wer im zeitigen Frühjahr, kurz bevor die Blätter austreiben, sein Ohr dicht an den Stamm einer Birke legt, hört tatsächlich unter der Rinde Wasser rauschen. Der Baum pumpt das Nass von seinen Wurzeln hoch in die Krone zu den Knospen, die Leitungsbahnen liegen knapp unter der papierartigen Rinde.

Notizen/Geburtstage

Wasser- oder Rocky-Mountain-Birke *(Betula occidentalis)*

7. März

Big Tree Trail

Einmal mitten durch Urwald, unter riesigen Bäumen zu wandern, das ist ein Traum für viele Menschen. Erfüllen kann man sich das auf dem Big Tree Trail, der durch den gemäßigten Regenwald von Vancouver Island in Kanada führt. Hier trifft man auf einige der ältesten und größten Riesen-Lebensbäume *(Thuja plicata)*. Mit deren wunderbar gefärbtem und würzig duftendem Holz sind hier weite Strecken zu bequemen Spazierwegen ausgebaut.

Notizen/Geburtstage

8. März

Schlängelei

Werden Wurzeln freigelegt, etwa am Ufer eines Wildbachs, erhält man einen Blick auf sonst verborgene Unterwelten eines Baums. Armdick bis haarfein winden sich die Wurzeln durch den Boden, zwängen sich zwischen Steine, krallen sich in Ritzen. Es gilt, den Mäandern des Wassers Paroli zu bieten und den Baum auch bei reißendem Hochwasser sicher zu verankern.

Notizen/Geburtstage

_____

_____

_____

_____

9. März

Baumbesetzer

Nicht das Alter eines Baums ist entscheidend, sondern die Verhältnisse rundum, ob Stamm und Äste Moos ansetzen. Moose erobern die Rinde, wenn ihnen Belichtung und Feuchtigkeit zusagen, und bilden hübsche Kissen oder interessante Beläge. Sie wachsen als Epiphyten, zu Deutsch Aufsitzerpflanzen. Im Gegensatz zu Parasiten oder Schmarotzern lassen sie den Baum unbehelligt, zapfen ihn nicht an, sondern nutzen ihn allein zum Festhalten.
Gemäß einer alten Faustregel lässt sich am Moosbewuchs an Bäumen die Himmelsrichtung ablesen. Moose als schattenliebende Lebewesen bevorzugen die lichtabgewandte Seite, das ist gewöhnlich die nach Norden gerichtete.

Notizen/Geburtstage

_____

_____

_____

_____

10. März

Märzwinter

Oft kommt im März noch einmal der Winter zurück, mit Frost und Schnee. Polare Kaltluft aus dem Osten bringt den so genannten Märzwinter mit sehr kalter und trockener Luft. War der Winter bislang mild und die Bäume bereits auf Frühling eingestellt, kann dieser Kaltlufteinbruch die Entwicklung durchaus um ein bis zwei Wochen zurückwerfen. Doch wirklich stoppen lässt sich der Frühling auch durch Kälte aus Sibirien nicht.

Notizen/Geburtstage

Zweig vom Bergahorn (*Acer pseudoplatanus*)

11. März

Wohl erzogen

Bäume beugen sich dem Willen des Menschen bis zu einem gewissen Maß. Sie lassen sich zurechtstutzen oder zur Ordnung erziehen – beim Formschnitt und am Spalier. Lässt der Gärtner die Zügel schleifen, läuft es umgehend wieder nach ihrem Bestreben. Konsequente Erziehung lenkt sprudelnde Wuchsfreude.

Notizen/Geburtstage

Eibe *(Taxus baccata)* in Kegelform und Apfelbaum *(Malus domestica)* am Spalier

12. März

Kiefernduft erfüllt die Luft

Paarweise reihen sich bei der Waldkiefer *(Pinus sylvestris)* die langen Nadeln in Spiralen um die Zweige, nach drei bis vier Jahren fallen sie ab. Sie sind recht starr und stechen, im Schatten oft auch angenehm weich. Äste und der Stamm bedeckt eine graubraune, nach oben hin leuchtend fuchsrote Borke, die sich in groben Platten ablöst. Steht die Kiefer auf kargen, flachen Böden, entwickelt sie gewöhnlich eine breit ausladende, schirmförmige Krone. Wer hier im lichten Schatten steht, die Augen schließt und tief atmet, spürt sozusagen die Seele der Kiefer. Es duftet wohltuend balsamisch, typisch nach Kiefer. Sogar das Rauschen ihrer Krone ist charakteristisch, es klingt heller als das jeder anderen heimischen Baumart.

Notizen/Geburtstage

13. März

Fingerförmig

Der Name Palme leitet sich ab vom lateinischen »palma«, das bedeutet Hand. Viele Palmen haben tatsächlich Wedel mit einer handförmigen Gestalt. Aber man kennt auch diverse andere Formen. Grob unterscheidet man anhand der Blätter, die übrigens alle einem Punkt entspringen und einen Schopf bilden, Fieder- und Fächerpalmen. Weltweit gibt es schätzungsweise 2600 verschiedene Palmenarten, ihr Verbreitungsgebiet erstreckt sich hauptsächlich auf die Tropen und Subtropen.

Notizen/Geburtstage

14. März

Tulpen am Baum

Flammend rot leuchten die Blüten des Afrikanischen Tulpenbaums *(Spathodea campanulata)*, in ihrer Form erinnern sie tatsächlich an die beliebten Zwiebelblumen. Bestäubt werden sie von Fledermäusen. Der tropische Baum aus der Familie der Trompetenbaumgewächse stammt ursprünglich aus Afrika, ist aber heute im gesamten Tropengürtel verbreitet – auch auf Hawaii, wo dieser Baum fotografiert wurde.

Notizen/Geburtstage

15. März

Malerische Baumfontäne

Eine der wohl augenfälligsten Baumformen, der man in vielen Parks begegnet, ist die Hänge- oder Trauerbuche *(Fagus sylvatica 'Pendula')*. Ihr Stamm strebt zunächst himmelwärts, nach maximal 20 Metern allerdings teilt er sich in viele Äste auf. Die Äste wachsen schlängelnd nach unten, ihre Zweige erreichen schließlich wieder den Boden. Zu wahrer Schönheit gelangen Hängebuchen erst im Alter und nur bei freiem Stand.

Notizen/Geburtstage

Hängebuche im Hortus Botanicus Leiden, Niederlande

16. März

Wasserdicht und feuerfest

Kork schützt Bäume vor übermäßiger Verdunstung wie vor Feuer. Einige Baumarten umhüllen ihre Stämme mit einer besonders dicken Schutzschicht. Herausragendes Beispiel dafür ist die Kork-eiche *(Quercus suber)*. Deren dicken Rinden schält man ab und verwertet sie als Flaschenkorken, für Fußbodenbeläge, Schuheinlagen oder auch Rettungsringe. Eine Kork-Eiche kann rund alle zehn Jahre beerntet werden. Sofern man nicht mehr als ein Drittel der Rinde entfernt, schadet das Abschälen dem Baum nur wenig, sondern regt ihn eher zu vermehrter Neubildung von Korkschichten an.

Notizen/Geburtstage

17. März

Auf den Stock gesetzt

Kopfweiden haben ihre ursprüngliche Bedeutung als Lieferanten für Flechtruten weitgehend verloren. Heute rücken sie als Lebensräume für bedrohte Tiere wie Fledermäuse, Steinkauz, Rotschwänzchen und viele Insekten wieder mehr ins Interesse. Um die skurrilen Bäume zu erhalten, müssen sie regelmäßig geschneitelt, d.h. alle Triebe bis zum Stammansatz geköpft werden. Setzt man Kopfweiden nicht immer wieder auf den Stock, werden sie kopflastig und brechen beim nächsten Sturm.

Notizen/Geburtstage

Silberweide (*Salix alba*)

18. März

Grüne Verheißung

Zu den Bäumen, die als Erste im Jahr ihre Blätter sprießen lassen, gehören Weiden. Bei der Trauerweide (*Salix alba* 'Tristis') winken zierliche Girlanden an den Ästen den Frühling herbei.

Notizen/Geburtstage

Niederländisches Freilichtmuseum Arnheim

19. März

Äpfel aus China

Apfel-sine bedeutet eigentlich China-Apfel. Tatsächlich liegen die Ursprünge der Orangen *(Citrus sinensis)* im fernen Asien, von wo sie im 15. Jahrhundert nach Europa kamen. Die leuchtend gefärbten Früchte sind reich an Vitamin C, nach ihrer Form und Färbung unterscheidet man verschiedene Sortengruppen.
Blond- oder Rundorangen stellen die umfangreichste Gruppe. Navelorangen haben eine Ausstülpung an der Spitze, wo sich eine kleinere Tochterfrucht gebildet hat. Bei Blut- und Halbblutorangen sind Schale und Fruchtfleisch durch rote Farbstoffe mehr oder weniger pigmentiert.

Notizen/Geburtstage

20. März

Die bekannteste Buche Bayerns

Im Ammer-Loisach-Hügelland steht diese Buche auf einem Moränenhügel, einem so genannten Drumlin. Eigentlich sind es sogar drei Buchen, die hier zusammen für diesen wunderbaren Anblick der Ruhe und Erhabenheit sorgen. Seit über 25 Jahren erscheint die Drillingsbuche immer wieder im Fernsehen – was ihr zu noch mehr Berühmtheit verholfen hat.

Notizen/Geburtstage

Rotbuche *(Fagus sylvatica)*
nahe Landstetten, Landkreis
Starnberg, Oberbayern

21. März

Tändelei

Kleine Blumen, kleine Blätter streuen mir mit leichter Hand
gute junge Frühlingsgötter tändelnd auf ein luftig Band.
Zephir, nimm's auf deine Flügel, schling's um meiner Liebsten Kleid!
Und so tritt sie vor den Spiegel all in ihrer Munterkeit.

Auszug aus Mit einem gemalten Band *von*
Johann Wolfgang von Goethe (1749–1832)

Notizen/Geburtstage

Korkenzieher-Weide *(Salix matsudana* 'Tortuosa')

22. März

Krönchen unter Kronen

Während die Kronen der Obstbäume noch kahl sind, sprießen zu deren Füßen Schneeglöckchen mit rahmweißen Blüten. Die Zwiebelblumen nutzen die Gelegenheit zum Wachstum, nachdem jetzt noch reichlich Licht bis zum Boden fällt. Bis die Blätter an den Ästen austreiben, müssen die Frühlingsblüher ihren Wachstumszyklus bereits abgeschlossen haben.

Notizen/Geburtstage

23. März

Ein Baumleben beginnt

Jeder noch so große Baum beginnt sein Leben als Winzling – so wie dieser Feldahorn *(Acer campestre)*. Als Frucht vom Mutterbaum für den Start ins Leben gut mit Nahrung versorgt, dann auf fruchtbaren Boden gefallen, zeigt sich beim Samen zuerst ein zartes Würzelchen. Auf der Suche nach Wasser und Mineralsalzen dringt es in die Erde und verankert sich dort. Bald treibt frisches Grün, entfalten sich erste Blätter. In ihnen läuft sogleich die Umwandlung von Sonnenenergie in Lebensenergie an, der Baumsprössling wächst und wächst und wächst …

Notizen/Geburtstage

24. März

Frühling

Nun ist er endlich kommen doch
In grünem Knospenschuh;
»Er kam, er kam ja immer noch.«
Die Bäume nicken sich's zu.

Wohl zögert auch das alte Herz
Und atmet noch nicht frei,
Es bangt und sorgt; »Es ist erst März,
Und März ist noch nicht Mai.«

Sie konnten ihn all erwarten kaum,
Nun treiben sie Schuss auf Schuss;
Im Garten der alte Apfelbaum,
Herze, wag's auch du.

O schüttle ab den schweren Traum
Und die lange Winterruh:
Es wagt es der alte Apfelbaum,
Er sträubt sich, aber er muss.

Theodor Fontane (1819–1898)

Notizen/Geburtstage

_____

_____

_____

_____

_____

25. März

Sehr delikat

Blütenkelche in sattem Rosa, die man kaum mit zwei Händen umfassen kann, machen die Tulpen-Magnolie *(Magnolia* x *soulangeana)* zu einem viel bewunderten Ziergehölz. Wenn sich die großen Knospen öffnen, verströmen sie einem süßen Duft – jetzt kann man die knackig-saftigen Blütenblätter als ungewöhnliche Delikatesse verspeisen, zum Beispiel frisch im Salat oder in Ausbackteig frittiert. In voller Blüte und kurz vor dem Welken schlägt der Duft dann um, werden die Blütenblätter ledrig.

Notizen/Geburtstage

_____

_____

_____

_____

26. März

Sängerwarte

Einst scheue Waldvögel, heute die häufigsten – und nicht selten gar nicht mehr scheuen – Gartenvögel: Amseln. Im tiefschwarzen Frack flötet der Amselhahn seine Lockrufe, um das Weibchen zu beeindrucken. Als Sängerwarte dient ihm dabei gern ein Baum. Während er von dort sein Revier gesanglich markiert, baut die Amselhenne allein das Nest, gern in einer Astgabel besagten Baums.

Notizen/Geburtstage

27. März

Tassilo-Linde zu Wessobrunn

Bayernherzog Tassilo III. ließ sich im Jahre 753 in einer Talsenke nach anstrengender Jagd unter einer Linde zur Ruhe nieder. Im Traum sah er drei Quellen am Fuß des Baums entspringen und aus dessen Geäst eine Leiter in den Himmel ragen. Engel schöpften Wasser und trugen es empor. Tassilo stiftete daraufhin ein Kloster nahe der Linde. Die Tassilo-Linde ist trotz mehrerer großer Astabbrüche in den letzten Jahren noch immer ein äußerst beeindruckender Baum. Ihr hohler Stamm mit etwa 14 Metern Umfang bildet eine Art Säulenraum, in dem nach alter Sitte Hochzeitspaare aus der Gegend ihre erste gemeinsame Nacht verbringen – und dabei nicht selten von der Dorfjugend gehörig gefoppt werden. Viele Menschen kommen immer wieder unter die 25 Meter hohe Krone, bestaunen den respektheischenden Baum, lassen die Kräfte des mystischen Ortes auf sich wirken oder vertrauen der Linde ihre Wünsche und Gebete an.

Notizen/Geburtstage

28. März

Weidengegend

Silberweiden *(Salix alba)* sind die größten und langlebigsten Weidenarten Europas. Auf nassen Wiesen, entlang von Bächen, an Flussufern breiten sie ihre ausladenden Kronen aus. Alte Namen für Weiden sind Wichel, Wilge oder Felber. Sie finden sich wieder im englischen *willow*, im holländischen Waldgebiet Veluwe oder im Ortsnamen Felben.

Notizen/Geburtstage

29. März

Auf Bäumen wächst das Glück

Nach Vorstellung der Menschen gibt es Bäume, von denen sich Männer ihre Bräute, Mädchen ihren Liebsten oder Eltern ihre Kinder herunterschütteln können. In Baumkronen hängen Träume, sprießen Leidenschaften, gehen Wünsche in Erfüllung.
Nicht selten hängt man aber auch bunte Bänder oder Girlanden ins Geäst. Damit erweist man den Bäumen seine Reverenz, das soll Glück bringen.
Manchmal schmückt man Bäume auch, weil es einfach hübsch aussieht oder weil es etwas zu feiern gibt. In diesem Fall versinnbildlichen gelbe und blaue Bänder die schwedischen Nationalfarben zu Ehren des 300. Geburtstags von Carl von Linné (1707–1778).

Notizen/Geburtstage

30. März

Blütenballett

In strenger Choreografie gefasst von Betonstreifen und unterlegt mit Kies, stehen hier Japanische Blütenkirschen *(Prunus serrulata)* zwischen Straße und Gebäude. Trotz der exakten Anordnung wirken die Bäumchen heiter und verspielt, verleihen der Architektur mehr Ausdruck.

Notizen/Geburtstage

Kirschblütenallee in Osaka, Japan

31. März

Im Narzissenmeer

Über Narzissen ließe sich dichten, in Äpfel muss man beißen ... so könnte man passend zu diesem Bild einen Vers aus Goethes *Faust* abwandeln. Ungezählte weiße Blütenkronen von Dichternarzissen *(Narcissus poeticus)* auf schwankenden Stielen und mit zartem Duft wogen zu Füßen der alten, noch kahlen Obstbäume. Solche Streuobstwiesen voller Blumen gelten als Inbegriff von heiler Welt.

Notizen/Geburtstage

In den Gärten von Ineke Greve

1. April

Ruhen unter Bäumen

Beschirmt durch eine Baumkrone, schaukelnd auf einer Liege mit Holzsprossen, ruhend auf Planken aus Stämmen – wenn sich da nicht ideale Erholung einstellt! Das natürliche Material Holz im Einklang mit Wasser und lebenden Pflanzen sorgt dabei für wunderbare Harmonie.

Notizen/Geburtstage

Gartenszene in Appeltern, Niederlande

2. April

East meets West

Die Urahnen der Tulpen-Magnolie *(Magnolia x soulangeana)* hatten ihre Heimat im Fernen Osten, die Stammformen unserer Kulturbirnen *(Pyrus communis)* stammen aus Europa. Beide Baumarten sind bereits seit langer Zeit in Kultur. Magnolien, in China Symbole für weibliche Schönheit, verehrt man seit dem 1. Jahrhundert n.Chr. als Garten- und Topfbäume. Birnen, die in ihrer Fruchtform die Weiblichkeit spiegeln, wurden schon vor der Zeitenwende im antiken Griechenland als Obstbäume gezogen. Im Lauf der Geschichte vollzog sich ein Austausch: Magnolien kamen ins Abendland, Birnen nach Asien.

Notizen/Geburtstage

3. April

Frühlingshaftes Lametta

Was hier im zarten Frühlingshauch flirrt, sind die filigranen Blätter eines Ahorns aus dem Land der aufgehenden Sonne. Seit vielen Jahrhunderten werden Japanische Ahorne, vor allem *Acer palmatum* und *Acer japonicum*, gezüchtet, um sie in allen Facetten ihrer Schönheit zu präsentieren. Ihr anmutiger Wuchs, ihre harmonische Gestalt, ihr Reichtum an Formen und Farben macht sie auch in Europa und Nordamerika beliebt. Mit ihrer meist geringen Größe von nur wenigen Metern passen sie perfekt in kleine Gärten.

Wüsst ich genau, wie dieses Blatt aus einem Zweig herauskam, schwieg ich auf ewig still, denn ich wüsste genug.

Hugo von Hofmannsthal (1874–1929)

Notizen/Geburtstage

_____

_____

_____

_____

_____

4. April

Obst im Überfluss

Im Dreiländereck Deutschland – Niederlande – Belgien liegt im Süden der Provinz Limburg eine hügelige Gegend, die man auch »Holländische Schweiz« nennt. Dort überlagern sich Klimaeinflüsse von Meer und Kontinent, milde und raue Elemente. Der eigentliche Schatz der Gegend liegt in ihrem fruchtbaren Untergrund. Auf fetten Böden gedeihen Obstbäume, insbesondere Birnen, Äpfel und Kirschen, daneben wird Ackerbau und Grünlandwirtschaft betrieben. Birnen finden hier ideale Bedingungen: warme Sommer, nicht zu kalte Winter, weniger Wind als in küstennahen Gebieten und tiefgründige Böden.

Notizen/Geburtstage

Obstwiese in Limburg mit Birnbäumen *(Pyrus communis)*, davor Winterrüben

5. April

Bienenfreude

Wenn sich die Blüten des Spitzahorns *(Acer platanoides)* öffnen, ist für Bienen, Hummeln und andere Insekten der Tisch reich gedeckt. Die kleinen Blüten, die in dichten Sträußen an den Zweigspitzen stehen, sind angefüllt mit süßem Nektar. Dieser kalorienreiche Zuckersaft spendet den Insekten reichlich Energie.

Notizen/Geburtstage

6. April

Symbol für die Ewigkeit

Ein Eichenleben überdauert 30 Generationen, heißt es im Volksmund. Tausendjährige Eichen sind gar nicht so selten, aber auch weitaus jüngere Exemplare beeindrucken mit ihrer Respekt heischenden Gestalt. Ihr Holz hat wesentlich zum Sinnbild für Unsterblichkeit beigetragen, es gilt seit der Antike als unverwüstlich, ewig haltbar.

Notizen/Geburtstage

Stiel-Eiche (*Quercus robur*)

7. April

Trotzen der Trockenheit

Im Herzen Anatoliens nahe der Stadt Cavusin öffnet sich Güllü Dere, das Rosental. Inmitten dieser bizarren Vulkanlandschaft kultivieren die Bewohner hier Wein, Oliven, Mandeln und Aprikosen. Aprikosenbäume *(Prunus armeniaca)* gedeihen hier vorzüglich, denn ihnen machen Hitze, Trockenheit und karger Sandboden nichts aus. Die robusten Bäume liefern zuckersüße Früchte in Hülle und Fülle – übrigens stammt der größte Teil aller in Europa gehandelten Aprikosen aus der Türkei.

Notizen/Geburtstage

8. April

Weit her aus dem Osten

Legt der wissenschaftliche Name des Pfirsichs *Prunus persica* scheinbar nahe, dass es sich dabei um eine »Pflaume aus Persien« handele, so liegt die Heimat des mit Pflaumen verwandten Obstbaums aber doch viel weiter östlich in China. Dort ist er seit rund 4000 Jahren in Kultur, wahrscheinlich über die Seidenstraße kam er über Persien in den Mittelmeerraum. Im antiken Rom bezeichnete man die Früchte als Äpfel aus Persien, *mala persica*. Daraus entstand schließlich auch unser Wort Pfirsich.
In China ist der Pfirsichbaum tief in Mythen und Bräuche eingebunden. Wegen der frühen Blüte schrieb man dem Baum Unsterblichkeit und langes Leben zu. Es war üblich, zur Zeit der Pfirsichblüte zu heiraten.

Notizen/Geburtstage

9. April

Philosophen-Allee

Die alten Griechen sahen die Platane als Geschenk der Götter an. Zeus verführte Europa unter einer Platane und zeugte mit ihr Minos, jenen sagenhaften Stammvater der ersten europäischen Hochkultur. In der Akademie von Athen säumten die »Götterbäume« die Wege, in ihrem Schatten philosophierte Platon (427–347 v. Chr.) über die Lehren der Weisheit.

Notizen/Geburtstage

Gewöhnliche Platane (*Platanus x hispanica*), Dachform

10. April

Edel-Weiß

Weiß ist die Unschuld, symbolisiert das Reine und Gute, wirkt kostbar und elegant, gilt als vollkommenste Farbe. Strahlendes Weiß spendet Licht, Freude und Zuversicht. In vielen Religionen steht Weiß für den Anbeginn der Welt, für Auferstehung aus dem Dunkel. Bäume mit weißen Blüten sorgen für frische Akzente, durch ihre Gegenwart kommen andere Farben erst ins Leuchten. Im Frühling knüpfen weiße Blütenbäume ein Band zwischen Vergangenheit und Zukunft, zwischen Schnee und Eis des Winters zum gleißenden Sonnenlicht des Sommers.

Notizen/Geburtstage

Japanische Blütenkirsche
(*Prunus serrulata* 'Shirofugen')

11. April

Stieglitz im Tulpenbaum

Die Brutsaison hat begonnen. Überall ist in den Baumkronen geschäftiges Treiben zu beobachten. Dieser Stieglitz oder Distelfink hat sich (passend zu seinem exklusiven Federkleid) einen der schönsten Zierbäume ausgesucht, der in europäischen Gärten und Parks zu finden ist: Den Nordamerikanischen Tulpenbaum *(Liriodendron tulipifera)* mit seinen charakteristisch geformten Blättern.

Notizen/Geburtstage

12. April

Die Biegsamen

Der Name Weide leitet sich vom althochdeutschen wîda, die Biegsame ab. Weiden wachsen bevorzugt nahe an Bächen und Flüssen und werden dort immer wieder einmal überschwemmt. Ihre langen elastischen Zweige setzen strömendem Wasser kaum Widerstand entgegen. Sollten sie dennoch von den Fluten abgerissen werden, schlagen sie schnell wieder Wurzeln.

Notizen/Geburtstage

_____

_____

_____

_____

_____

13. April

Rot, rot, rot sind alle meine Kleider

Rosarot die Blüten, schwarzrot die Blätter, violettrot die Früchte – das sind die Farben der Blutpflaumen. Unter diesem Namen versammeln sich Sorten und Abkömmlinge der Kirschpflaume *(Prunus cerasifera)*, deren Laub einen mehr oder minder intensiven Rotton aufweist, also karminrot, braunrot oder dunkelrot gefärbt ist. Alle sind sehr beliebte und weit verbreitete Ziergehölze.

Notizen/Geburtstage

Blutpflaume (*Prunus cerasifera* 'Nigra')

14. April

Gewagtes Spiel

Anders als im dichten Wald auf dem Festland brauchen die wenigen Bäume, die sich auf das winzige Eiland vor der Küste hinausgewagt haben, Konkurrenz kaum zu fürchten. Ihre Samen sind wahrscheinlich einst von Vögeln hierher gebracht worden. Zufrieden mit dem, was ihnen das Inselchen bieten konnte, haben sie den Start ins Leben gewagt. Lohn dafür ist eine exklusive Aussicht.

Notizen/Geburtstage

Kyuquot Sound in British Columbia (Kanada)

15. April

Lauter kleine Blütensträuße

Eine Eigenart vieler Obstgehölze ist es, an älteren Ästen kurze, stummelartige Seitenzweige zu entwickeln, bei denen viele Blütenknospen in einem Büschel beieinander stehen. In Anlehnung an das Bouquet aus harmonisch zusammengefügten Blumen nennt man solche Triebe Bukett-Triebe. Sie werden beim Rückschnitt geschont, denn sie bringen reichen Fruchtansatz. Im Frühling schmücken sie die Baumkrone reich mit Sträußchen aus Blüten.

Notizen/Geburtstage

Apfel *(Malus domestica)*

16. April

Birnen(kon)form

Wie die Frucht, so ist auch die Krone eines Baums geformt, heißt es als Merkspruch. Frappant ähneln sich wirklich Birnenfrucht und Birnbaumkrone, dasselbe gilt für den Apfel und seinen Baum. Die beiden Obstarten kann man so gut auseinanderhalten, selbst wenn weder Laub, Blüten oder gar Früchte vorhanden sind. Doch verallgemeinern lässt sich die Regel nicht …

Notizen/Geburtstage

_____

_____

_____

_____

_____

17. April

Es entfaltet sich was

Explosionsartig vollzieht sich der Austrieb der Rosskastanien (*Aesculus hippocastanum*). Innerhalb weniger Tage entfalten sich im wahrsten Sinn des Wortes die fingerförmigen, noch fein plissierten Blätter aus den dicken Knospen. Fast kann man dabei zuschauen. Der Blattaustrieb der Rosskastanien ist ein markantes Signal im Kalender der Natur, tritt doch mit ihm der Frühling in seine Hochphase ein. Im langjährigen Mittel findet das Ereignis in Mitteleuropa um den 30. April statt, in Ballungsräumen um einige Zeit eher. In den letzten Jahren erfolgt der Austrieb rund zwei Wochen früher als noch vor 50 Jahren.

Notizen/Geburtstage

18. April

It's showtime!

Bühne frei für die Eleven und Stars der Natur. In den Hauptrollen sehen Sie Blütenkirschen in hauchzarten Blütengewändern. Opulent das Bühnenbild von Mutter Natur aus Hyazinthen und Traubenhyazinthen. Grandios in Szene gesetzt vom Frühling. Applaus, Applaus!

Notizen/Geburtstage

Japanische Zierkirschen *(Prunus serrulata)* in Keukenhof in Lisse, Niederlande

19. April

Hanf von Palmen

Die Fächerwedel der Hanfpalme *(Trachycarpus fortunei)* sind am Grund von einer Blattscheide umgeben, die ein dichtes Geflecht aus langen, groben, braunen Fasern bildet. Diese zähen, sehr robusten Fasern nutzte man früher zur Herstellung von Seilen, Matten und anderen Gebrauchsgegenständen. Heute ist die Hanfpalme in erster Linie reine Zierpflanze. Ihre Beliebtheit rührt auch daher, dass sie im Gegensatz zu den meisten anderen Palmen ziemlich frostverträglich ist.

Notizen/Geburtstage

_____

_____

_____

_____

_____

20. April

Freund der Bäume

Der Schriftsteller, Dichter und Nobelpreisträger Hermann Hesse (1877–1962) war Bäumen ganz besonders zugetan. Zentrales Thema, das durch sein gesamtes Lebenswerk führt, ist der ältere Freund und Meister, der den jungen Menschen zu sich selbst finden lässt. Nicht selten stellt Hesse einen Baum oder den Wald als ebendiesen Freund und Meister dar, als Urgesetz des Lebens.
Hesse gilt als der berühmteste Baumfreund der Literaturgeschichte. »Bäume«, so schreibt Hesse, »sind für mich immer die eindringlichsten Prediger gewesen. Ich verehre sie, wenn sie in Völkern und Familien leben, in Wäldern und Hainen.«

Notizen/Geburtstage

21. April

Blick auf Bäume

Viele Nationen erfassen ihren Holzreichtum mehr oder weniger regelmäßig in einer Waldinventur. Dabei werden nicht allein die Waldbestände und deren Zustand katalogisiert, sondern ebenso die Nutzung. Anhand der Daten werden Waldentwicklungspläne, Holzaufkommensschätzungen und Bewirtschaftungsrichtlinien für die Wälder erarbeitet. Wälder sind bedeutende Wirtschaftsfaktoren.

Notizen/Geburtstage

22. April

Der Garten ruft

Wenn die Bäume ausschlagen, sprießt auch der Salat wieder und der Buchs ruft nach einem Formschnitt. Die Gartensaison beginnt, und der Gärtner ist wohl froh, dass die Sonne noch fast ungehindert durch die Äste scheint – um den Boden für die Saaten und Pflanzungen zu wärmen.

Notizen/Geburtstage

_____

_____

_____

_____

23. April

Blütezeit

Wenn im Oberrheingraben die Apfelbäume verblühen, öffnen sich in Brandenburg gerade eben die Knospen. Im Tiefland ist der Blütenzauber bereits vorbei, wenn in Höhenlagen das Schauspiel gerade beginnt. Je Baum währt die Blütezeit bei Äpfeln etwa elf Tage. Insgesamt erstreckt sich der Zeitraum, in dem man blühende Apfelbäume in Mitteleuropa antrifft, von Mitte April bis Mitte Mai.

Notizen/Geburtstage

Kulturapfel (*Malus domestica*)

24. April

Frühlingstraum in Rosa

Sakura – japanisch: Kirschblüte – ist nicht nur im Land des Lächelns ein Höhepunkt im Jahreslauf. Der überschäumende Blütenzauber von Japanischen Blütenkirschen *(Prunus serrulata)* verkündet auch hierzulande den Frühlingsbeginn.

Sakura, sakura, der Frühlingshimmel
So weit das Auge reicht. Wie Nebel, wie Wolken.
Der Duft und die Farben, gehen wir, gehen wir
Uns am Anblick erfreuen.

Japanisches Volkslied

Notizen/Geburtstage

25. April

Ehrentag

Heute ist Tag des Baums. Seit 1989 ist es üblich, den 25. April vor allem dem jeweiligen »Baum des Jahres« zu widmen. So wurden beispielsweise 1996 im Jahr des Ahorns mithilfe des Modemachers Bogner 10 000 Ahorne an der Wahnbachtalsperre in der Nähe von Bonn gepflanzt. Dass der »Tag des Baums« ganze Landkreise zur Mitarbeit animieren kann, zeigte eine Aktion bei Nidda (Hessen), wo über 400 Waldfreunde eine durch einen Orkan verwüstete Waldfläche mit 15 000 Laubbäumen aufforsteten. Im Rahmen der von einem Automobilhersteller ausgerufenen Aktion »200 000 neue Bäume für 200 000 eingetauschte Altautos« wurden 1997 30 000 und 1998 40 000 Bäume im Tharandter Wald bei Dresden zum Erreichen eines höheren Laubholzanteils gepflanzt.

Notizen/Geburtstage

Maienkirsche (*Prunus* x *yedoensis*), Hängeform auf Stamm veredelt

26. April

Wirtshausschilder

Obstbäume wie Birnen hängen im Frühling voller Werbetafeln. Jede einzelne Blüte kann man als Gasthaus auffassen. Fünf strahlend weiße Blütenkronblätter bilden das Aushängeschild. »Lokal eröffnet, für Speis und Trank reichlich gesorgt«, signalisiert es. Die dunkelroten Staubgefäße, prall gefüllt mit Blütenstaub, lenken die Gäste zielgerichtet zur Quelle im Zentrum: ein süßer Nektarbrunnen, aus dem der Griffel wie eine Säule am Stammtisch emporragt.
Bienen und andere Insekten verstehen die Botschaft und besuchen die Blütenlokale. Sie sprechen dem Labsal eifrig zu, ihre Zeche begleichen sie in Form einer Dienstleistung: sie übernehmen die Spedition von Blütenpollen zwischen den Blüten.

Notizen/Geburtstage

Birnbaum *(Pyrus communis)*

27. April

Buchenhecken – Heckenbuchen

Hainbuchen sind genügsam, vertragen selbst radikalen Schnitt, behalten ihr Laub oft über den gesamten Winter bis zum Neuaustrieb und eignen sich deshalb ideal zur Anlage von Hecken. Das wussten schon unsere Altvorderen: sie säumten mit Hainbuchen Felder und Viehweiden ein. Daher stammt auch der Name Hagebuche – Hag bedeutet soviel wie Hecke.

Notizen/Geburtstage

Hainbuche *(Carpinus betulus)*, Baum des Jahres 1996

28. April

An anderen Ufern

Rund um den Tegernsee in Oberbayern stehen eine Reihe markante Bäume. In Gmund an der Nordspitze kann man auf einem Seeuferlehrpfad allerlei Wissenswertes über Fauna und Flora erfahren. Der Waldlehrpfad Weißachau in Rottach am Südufer informiert über den Auwald, ein keltischer Baumkreis erzählt über die Symbolkraft der Bäume aus alter Zeit.

Notizen/Geburtstage

Kirche Maria Himmelfahrt,
Bad Wiessee am Tegernsee

29. April

Weiche Blätter, harter Kern

So streichelweich und zart sich die plissiert wirkenden Blätter der Hain- oder Weißbuche *(Carpinus betulus)* geben, so hart und zäh ist das Holz dieses Baums. In alten Zeiten nannte man das heimische Gehölz Eisenbaum. Es lieferte Hackklötze für Metzger, Dreschflegel für Bauern, Spindeln für die Woll- und Tuchverarbeitung, Werkzeugstiele, Holzhämmer oder Radnaben, alles hoch beanspruchte Gebrauchsgegenstände. Auch Zollstöcke waren aus Hainbuchenholz, so verzog sich das Maß nicht und erfüllte seinen Dienst durchs gesamte Handwerkerleben.

Notizen/Geburtstage

30. April

Säulen des Grüns

Schlanke Stämme heben das Blätterdach hoch empor über die bunte Blumenrabatte. Eine akkurat geschnittene Eibenhecke rahmt die Szenerie ab. So entsteht mithilfe von Bäumen ein Gartenzimmer, eher ein Gartensalon.

Notizen/Geburtstage

In den Gärten von Ineke Greve

1. Mai

Der Mai beginnt mit einem Fest

Über Jahrhunderte lässt sich in vielen Gegenden Europas ein Brauch zurückverfolgen, bei dem feierlich ein kunstvoll geschmückter Baum in der Ortsmitte aufgestellt wird. Unter ihm tanzt man dann in den Mai. Je nach Region gibt es spezielle Riten rund um den Maibaum, etwa das Maibaumstehlen in der Walpurgisnacht oder das Maibaumkraxeln, bei dem eine Trophäe von der Spitze zu holen ist.

Notizen/Geburtstage

_____

_____

_____

_____

_____

2. Mai

Tausendmal schöner

Aus unschuldig weißen Blüten werden sündig rote Früchte: Kirschbäume stehen seit jeher für die Liebe und gelten als Inbegriff jugendlicher Schönheit. Weiß wie Schnee, rot wie Blut und schwarz wie Ebenholz – diese Attribute eines Kirschbaums (Blüten, Früchte, Rinde) beschreiben auch Schneewittchen, laut Zauberspiegel im Märchen immerhin das schönste Geschöpf der Welt.

Der Kirschbaum blüht

Der Kirschbaum blüht, ich sitze da im Stillen,
Die Blüte sinkt und mag die Lippen füllen,
Auch sinkt der Mond schon in der Erde Schoß
Und schien so munter, schien so rot und groß;
Die Sterne blinken zweifelhaft im Blauen
Und leidens nicht, sie weiter anzuschauen.

Achim von Arnim (1781–1831)

Notizen/Geburtstage

_____

_____

_____

_____

3. Mai

Rosa Röschen

Der Spätwinter und der Frühling haben es gut gemeint und das Mandelbäumchen *(Prunus triloba)* vor stärkeren Frösten bewahrt. So konnte es seine köstlichen Blüten zu voller Pracht entfalten. Der Strauch, der fast immer zu einem kleinen Baum mit Stamm und kugel- bis becherförmiger Krone gezogen wird, braucht einen geschützten Standort und muss jährlich nach der Blüte kräftig zurückgeschnitten werden.

Notizen/Geburtstage

4. Mai

Cousinen Ihrer Majestät

Obstbäume wie Apfel, Birne, Quitte, Kirsche, Pflaume, Aprikose oder Pfirsich sind nahe Verwandte der Rose, Botaniker ordnen sie der Familie der Rosengewächse zu. Nachdem Rosen unbestritten als Königinnen die Pflanzenwelt beherrschen, könnte man metaphorisch auch erwähntes Kern- und Steinobst zum Pflanzenadel rechnen. In jedem Fall liefern die Bäume erlauchte Früchte.

Notizen/Geburtstage

_____

_____

_____

_____

5. Mai

Verpackungskünstler

Im Innern der Knospen verbirgt sich eine raffinierte Verpackungstechnik. Alle Teile der Blüte oder der Blätter finden komplett vorgefertigt in Miniaturformat unter den schützenden Knospenschuppen Platz. Die Blättchen sind wie bei einer Ziehharmonika gefalzt, fein säuberlich spiralig eingerollt, akkurat fächerförmig gefältelt oder schlicht längs zusammengeklappt beim Kirschbaum. Den Winter über haben die Knospen starr unter klebrigen Hüllen, derben Schuppen oder pelzigen Kappen ausgeharrt. Je wärmer es wird, desto mehr schwellen die Knospen an – bis auf das Zehnfache ihrer ursprünglichen Größe –, bis endlich die Blüten oder Blätter die Knospenschuppen sprengen und austreiben.

Notizen/Geburtstage

_____

_____

_____

_____

_____

6. Mai

In Klausur

Die Bäume neben der Abbazia San Galgano nahe Siena in der Toskana führen ein Leben, das den ehemals hier ansässigen Mönchen als Vorbild hätte dienen können. Sie pflegen eine kontemplative Haltung, nach lateinisch *contemplare* = betrachten. San Galgano war einst ein blühendes Kloster der Zisterzienser, eines kontemplativen Ordens.

Notizen/Geburtstage

7. Mai

Klebrige Angelegenheit

Lärchen enthalten reichlich Harz, das über Rinde und Zapfen ausgeschieden wird. Aus den Zapfen kann man das Harz auskochen, allerdings erhält man so eher schlechte Qualität. Ungleich wertvoller ist das Harz aus dem Stamm. Man kann die zähe, elastische Masse zu Kügelchen formen und wie Kaugummi kauen, sie schmeckt kräftig würzig und ein wenig nach Zitrone. Dank vieler ätherischer Öle wirkt es lindernd bei Husten und Erkältungskrankheiten. Früher wurde Lärchenharz als »Venezianisches Terpentin« in Apotheken gehandelt, auch zur Bereitung von Salben und Auflagen schlecht heilender Wunden.

Notizen/Geburtstage

Europäische Lärche (*Larix decidua*)

8. Mai

Kirschen in Nachbars Garten

Sprichwörtlich sind sie, die Früchte vom Grundstück nebenan. Das Motiv geht zurück auf eine deutsche Filmkomödie gleichen Titels aus dem Jahr 1935. *Kirschen in Nachbars Garten* mit unvergessenen Schauspielern wie Adele Sandrock, Liesl Karlstadt und Karl Valentin hat einen Nachbarschaftsstreit zum Inhalt, der seine Ursache aber nicht in Kirschen, sondern im Ei einer Ente hat.

Notizen/Geburtstage

_____

_____

_____

_____

_____

9. Mai

Paradiesisch

Ein ruhiges und friedvolles Dasein wird erleben, wer unter Weinstock und Feigenbaum wohnt. Eine Handvoll Früchte vom Feigenbaum *(Ficus carica)* galt im Altertum als völlig ausreichend für die tägliche Ernährung. In der Bibel wird er als der ursprüngliche Baum im Paradies beschrieben, von dem Adam und Eva speisten und dessen Blätter sie als erste Kleidung nutzten. Erst im Mittelalter ersetzte der Apfelbaum die Feige – oft findet man in Darstellungen vom Paradies neben dem Apfel auch eine Feige dargestellt, beispielsweise in der Sixtinischen Kapelle, gemalt von Michelangelo (1475–1564).

Notizen/Geburtstage

10. Mai

Der Frühling ist da!

Mit der Apfelblüte hält der Frühling endgültig Einzug ins Land. Klimaforscher werten die Daten der Apfelblüte seit Langem aus und konnten erkennen, dass sich der Frühlingsbeginn in Mitteleuropa in den letzten Jahren immer mehr verfrüht. Um 1960 lag der Blühbeginn bei Apfelbäumen noch Anfang Mai, heute rund eine Woche früher schon Ende April.

Notizen/Geburtstage

_____

_____

_____

_____

11. Mai

Der Mai ist gekommen ...

... die Bäume schlagen aus. Die Blätter der Robinie *(Robinia pseudoacacia)* pumpen sich mit Wasser voll, dabei recken und glätten sich die hübsch gefiederten Blättchen.

Der Mai ist gekommen, die Bäume schlagen aus.
Da bleibe, wer Lust hat, mit Sorgen zu Haus ...

*Text von Emanuel Geibel (1815–1884),
Melodie von Justus Wilhelm Lyra (1822–1882)*

Notizen/Geburtstage

_____

_____

_____

_____

12. Mai

Heilige Haine

Lange bevor Menschen Tempel und Kirchen bauten, um der Schöpfung zu danken, suchten sie Waldstücke oder Bäume auf. In diesen »natürlichen Kathedralen« fanden sie Orte der Stille und des Friedens, konnten sie meditieren, beten und ihre Zeremonien pflegen. Die Germanen hatten sogar dasselbe Wort für Tempel und Hain.

Notizen/Geburtstage

13. Mai

Weltenbaum

Nach der nordischen Mythologie pflanzten Asen, das Göttergeschlecht, als ersten Baum eine Esche. Yggdrasil, so der Name, hat drei Ebenen. An der Spitze die Burg Asgard, den Himmel, in der Mitte Midgard, die Heimat der Menschen, und unten Hel, das Totenreich. Am Fuß der Esche sitzen drei Göttinnen und weben das Schicksal, unter den Zweigen halten die Götter Gericht. Wenn Yggdrasil einst zu beben oder zu welken beginnt, naht das Ende der Welt.

Notizen/Geburtstage

Gewöhnliche Esche (*Fraxinus excelsior*)

14. Mai

Silberregen

Üppige Trauben aus weißen, süß duftenden Blüten scheinen im Frühling wie ein silbriger Regen aus den Kronen der Robinien oder Scheinakazien *(Robinia pseudoacacia)* zu tropfen. Die Blüten laufen schier über vor Nektar, der sehr reichlich Zucker enthält. Deshalb schätzen Imker diesen Baum besonders, pflanzen ihn gern in die Nähe ihrer Bienenstöcke. Die Bienen tragen daraus einen sehr hellen, milden Honig ein, der als Akazienhonig verkauft wird. Besonderheit des Honigs: Dank seines hohen Anteils an Fruchtzucker kristallisiert er kaum aus.

Notizen/Geburtstage

_____

_____

_____

_____

15. Mai

Hart im Nehmen

Das Klima des Mittelmeerraums lässt sich grob durch den Wechsel von Sommerdürre und Winternässe charakterisieren. Daran haben sich Bäume und Sträucher angepasst. Immergrün sind sie, um das Wasserangebot im milden Winter optimal zu nutzen. Hartlaubig sind sie, um Hitze und anhaltender Trockenheit im Sommer zu widerstehen.

Die Hartlaubwälder aus Stein-, Kork- und Kermeseichen sind heute nur noch in spärlichen Resten vorhanden. An ihre Stelle traten vielfach Olivenhaine. Ölbäume sind den Eichen ähnlich: ebenfalls immergrün, hartlaubig und genügsam.

Notizen/Geburtstage

Ölbäume *(Olea europaea)*

16. Mai

Autochthon

In der Nähe von Nijmegen in den Niederlanden gedeihen in einer besonderen Baumschule Bäume, die ursprünglich in Holland heimisch sind. Sie werden dort auch vermehrt und der Öffentlichkeit nahegebracht, um die natürliche Gehölzflora zu erhalten. In jeder Art, etwa dem hier abgebildeten Wild- oder Holzapfel *(Malus sylvestris)* liegt auch ein Stück Zukunft. Ginge er verloren, fehlte ein Stück Vielfalt der Natur, wären genetische Informationen für immer verloren.

Notizen/Geburtstage

17. Mai

Blaue Blütenwolken

In allen subtropischen bis tropischen Regionen der Welt begeistern sich die Menschen für diesen herrlich blau blühenden Baum: Jakaranda oder Palisanderbaum *(Jacaranda mimosifolia)*. Er stammt aus Südamerika und trägt anmutiges, fast farnartig gefiedertes Laub. Seine wahre Attraktivität sind jedoch die Blüten, die an den kahlen Zweigen erscheinen und über viele Wochen für blauen Schmuck sorgen.

Notizen/Geburtstage

Jakarandas vor der Kirche in Estói nahe Faro an der Algarve, Portugal

18. Mai

Was finden wir schön?

Der Mensch empfindet die Natur als schön. Doch je mehr etwas einer Ordnung unterliegt und Symmetrie zeigt, umso leichter kann es unser Gehirn verarbeiten, umso harmonischer stufen wir es ein. Die in klare Bahnen und geometrische Muster gezwungene Natur passt genau in dieses Raster – kommt dem Ideal der Schönheit also äußerst nahe. Oder?

Notizen/Geburtstage

Laubengang im Garten von Paleis Het Loo, Apeldoorn, Niederlande

19. Mai

Weisheit über den Wald

Der Wald ist ein besonderes Wesen,
von unbeschränkter Güte und Zuneigung,
das keine Forderungen stellt
und großzügig die Erzeugnisse
seines Lebenswerks weitergibt;
allen Geschöpfen bietet er Schutz
und spendet Schatten selbst dem Holzfäller,
der ihn zerstört.

Siddhartha Gautama Buddha (563– 483 v.Chr.)

Notizen/Geburtstage

_____

_____

_____

_____

20. Mai

Hängender Garten

Fast 20 Meter Umfang misst der Stamm des »hanging garden tree«, eines gewaltigen Riesen-Lebensbaums *(Thuja plicata)*, zu bestaunen auf Meares Island nahe Tofino auf Vancouver Island in Kanada. Sein Alter wird auf über 2000 Jahre geschätzt. Zeit genug, um mächtige Äste und zahllose Nischen im Stamm zu bilden, in denen Moose, Farne und viele andere Pflanzen einen Lebensraum finden.

Notizen/Geburtstage

_____

_____

_____

_____

21. Mai

Haus- und Hofbaum

Viele alte Gehöfte und landwirtschaftliche Anwesen prägt ein Baum. Über Generationen begleitet er die Bewohner. Eichen, Buchen, Walnussbäume, ganz besonders aber Linden wählte man dafür aus. Nicht selten kann man in alten Chroniken sogar nachlesen, zu welchem Anlass der Hofbaum einst gepflanzt wurde. Oder es ranken sich wundersame, liebenswerte Geschichten um diesen Baum, die vom Zusammenleben erzählen.

Notizen/Geburtstage

22. Mai

Die Farbe des Lebens

Ist es nicht faszinierend, dass Bäume schier aus dem Nichts zu entstehen scheinen? Nur Luft, Wasser und Sonnenlicht sind nötig, sowie ein paar Mineralsalze aus dem Boden. Bei der Fotosynthese wird mithilfe des Lichts aus Kohlendioxid und Wasser in den grünen Blättern energiereicher Traubenzucker aufgebaut, dabei entsteht als »Abfallprodukt« Sauerstoff. Den Zucker braucht der Baum teils selbst als Nahrung, einen Teil baut er in seine Pflanzenmasse ein, den Rest speichert er. Von der Strahlungsenergie der Sonne wird weniger als 1 Prozent für diesen Vorgang genutzt, rund die Hälfte dagegen treibt die Verdunstung von Wasser über die unzähligen Poren der Blätter an.

Notizen/Geburtstage

23. Mai

Blumenkistchen

Aus einfachen, sägerauen Brettern ist ein kleiner Kasten schnell gezimmert. Darin stapeln sich hohle Stängel vom Japanischen Knöterich *(Fallopia japonica)*. Sie dienen als Steckhilfe für frische Blumen wie Rosen und Fetthenne. Was aus einem Baum so alles werden kann …

Notizen/Geburtstage

24. Mai

Wie schön kann Holz sein

Wie ein zarter Paravent filtern filigrane Gräser den Blick auf die edle Gartenliege aus sorgsam poliertem Holz. Sie stecken in Reagenzröhrchen, diese wiederum in einem Stück Baumstamm.

Notizen/Geburtstage

_____

_____

_____

_____

_____

25. Mai

Insel der Bäume

Spirit Island, eine winzige Insel im Maligne Lake – 20 Quadratkilometer groß, durchschnittlich 100 Meter tief und nie wärmer als 4 Grad Celsius – gilt als Wahrzeichen der kanadischen Rocky Mountains. Die Bäume dort gehören wahrscheinlich zu den meistfotografierten auf der Welt. Die Wälder im Jasper-Nationalpark in Kanada bestehen hauptsächlich aus Nadelgehölzen, darunter Drehkiefer *(Pinus contorta)*, Douglasie *(Pseudotsuga menziesii)* und Schimmelfichte *(Picea glauca)*, Letztere vor allem auf feuchten, angeschwemmten Böden sowie in Schluchten.

Notizen/Geburtstage

_____

_____

_____

_____

26. Mai

Haus im Baum

Der Traum jeden Kindes, einmal im Baum zu wohnen! Abgehoben von der Erde, frei in luftiger Höhe, beschützt von einem grünen Freund, dem Baum. Hier darf man ungestört seinen Träumen nachhängen und kann seine intimsten Geheimnisse bewahren – denn ist die Leiter eingezogen, bleibt das Baumhaus unerreichbar für alle Störenfriede.

Notizen/Geburtstage

_____

_____

_____

_____

27. Mai

Schützender Mantel

Ein Baum muss seinen Stamm vor Sonne und Hitze, vor Regen und Frost und anderen Einflüssen von außen schützen. Dazu legt er sich eine Borke um. Mit jedem Jahr Wachstum wird sein Stamm dicker und damit der Borkenmantel zu eng. Die Schutzschicht reißt, bricht, zerfurcht sich. Darunter entsteht neue Borke.
Borken zeigen oft sehr typische Muster. Bei einer Schuppenborke (z.B. bei Kiefer, Platane, Linde) zerfällt die Außenhaut in Platten oder Schuppen, bei einer Ringelborke (z.B. bei der Birke) löst sie sich in Streifen.

Notizen/Geburtstage

Schuppenborke einer Ahornblättrigen Platane *(Platanus x acerifolia)*

28. Mai

Vier Elemente

Der griechische Philosoph Empedokles (ca. 494 – 434 v.Chr.) prägte die Lehre von den vier Elementen Wasser, Luft, Erde und Feuer. Ist es Zufall, dass sich diese vier Elemente im Baum wiederfinden? Der Baum strebt mit seinen Wurzeln zum Wasser, mit seinen Ästen in die Luft, er steht fest in der Erde und spendet dem Feuer Nahrung.

Notizen/Geburtstage

_____

_____

_____

_____

_____

29. Mai

Das Geschenk der Göttin Athene

Ölbäume *(Olea europaea)* mit ihren knorrigen Stämmen und den silbrig grauen Blättern sind so prägend für die Landschaften rund ums Mittelmeer wie kaum eine andere Baumart. Zu verdanken ist das nach griechischer Mythologie Athene, der Göttin der Weisheit. Sie gewann einen Wettstreit gegen Poseidon, Gott des Meeres, um die Herrschaft über Attika, wer den Menschen dort die größere Wohltat erweise. Poseidon schlug einen Brunnen, aus dem nur Salzwasser sprudelte, Athene hingegen ließ aus ihrer Lanze einen Ölbaum sprießen. Fortan galten Ölbäume den Griechen als heilig, von Griechenland aus verbreiteten sich die Bäume im gesamten mediterranen Raum.

Notizen/Geburtstage

Olivenhain nahe Kloster Lluc, Mallorca

30. Mai

Lorbeeren ernten

Mit einem gut gepflegten Lorbeer *(Laurus nobilis)* erringt der stolze Besitzer gleich mehrfach Anerkennung, die sprichwörtlichen Lorbeeren. Zum einen kann er sich der vollen Bewunderung sicher sein ob der prächtigen Augenweide. Zum andern wird aber auch so manche Speise zur absoluten Gaumenfreude, denn frische Lorbeerblätter verleihen eine kräftige Würze.

Notizen/Geburtstage

31. Mai

Ein Muster an Genügsamkeit

Kaum ein anderer Baum hat Maler und Dichter, die mediterrane Landschaften besuchten, so beeindruckt wie der Ölbaum *(Olea europaea)*. Das Sinnbild für Geduld, Ausdauer und Genügsamkeit verträgt starke Winde, anhaltende Trockenheit und karge Böden und wächst langsam, aber beständig. Erst mit 50 Jahren erreicht ein Ölbaum seine volle Produktivität. Dann aber spendet er reichlich, pro Jahr rund 100 Kilogramm Oliven.

Notizen/Geburtstage

Olivenhain nahe Castelnuovo dell'Abate, Italien

1. Juni

Lustwandeln unter Bäumen

Bei sommerlicher Hitze lässt es sich in diesen aus Bäumen geformten Kolonnaden wunderbar lustwandeln. Das Blattwerk spendet Schatten und dank reichlicher Verdunstung auch angenehme Kühle. Die Laubengänge aus Hainbuchen *(Carpinus betulus)* im Königinnengarten von Paleis Het Loo in den Niederlanden wurden im 17. Jahrhundert von Willem III. (1650–1702) erbaut, rekonstruiert und wiedereröffnet von Königin Beatrix am 20. Juni 1984.

Notizen/Geburtstage

2. Juni

Schnittmuster

Kegel, Kugeln und Kanten gliedern den barocken Garten. Der Absolutismus spiegelt sich hier in gebändigter, unterworfener Natur wider, Macht und Wohlstand in strikter Geometrie und penibler Ordnung. Die Buchsbaumhecken malen ein kunstvolles Muster auf den Boden. Die schlanken Thujenkegel stehen wie Lakaien Spalier. Im weißen Kübel wacht ein Eibenkugelbaum über das von Mauern umgrenzte Boskett.

Notizen/Geburtstage

Paleis Het Loo, Apeldoorn, Niederlande

3. Juni

Biblische Bäume

»Und Gott der Herr ließ aufwachsen aus der Erde allerlei Bäume …«, heißt es in der Schöpfungsgeschichte der Bibel (1. Mose/Genesis 2,9). In den Versen finden sich unzählige Pflanzen erwähnt, in erster Linie Bäume, Sträucher, Blumen sowie Nutzpflanzen des Nahen und Mittleren Ostens. Darunter ist auch der Judasbaum *(Cercis siliquastrum)*. Noch bevor die frischgrünen, auffallend rundlichen Blätter erscheinen, waren seine Zweige von rosaroten Schmetterlingsblüten überzogen. Der Legende nach soll sich Judas an einem solchen Baum erhängt haben. Die Blätter erinnern an die Silberlinge, mit denen er entlohnt wurde.

Notizen/Geburtstage

4. Juni

Alleenblick

»... durch das Ebenmaß der baumgesäumten Wege sehe ich das Land wie durch das Fenster und fühle mich darin geborgen.«

Theodor Fontane (1819–1898)

Notizen/Geburtstage

5. Juni

Hoher Baum fängt viel Wind!

… heißt eine alte Volksweisheit. Auf einen Baum wirken enorme Kräfte, sobald aus einer sanften Brise ein kräftiges Lüftchen oder gar ein heftiger Sturm wird. Eine voll belaubte Krone wirkt dabei wie ein Segel. Stamm, Äste, Zweige und Blattstiele müssen sich dem Wind beugen, oder sie brechen. Doch der Wind ist auch der Bäume Freund: Er trocknet die Blätter, er kämmt abgestorbene Teile heraus, er bestäubt unzählige Blüten.

Notizen/Geburtstage

_____

_____

_____

_____

6. Juni

Voller Symbolkraft

Ein Ölbaum *(Olea europaea)* und eine Zypresse *(Cupressus sempervirens)*, da paart sich das Symbol für Frieden und Fruchtbarkeit mit dem für Ausdauer und Unsterblichkeit.

Notizen/Geburtstage

Abbazia Sant'Antimo,
Toskana, Italien

7. Juni

Von der Sonne verwöhnt

Um in sommerlicher Dürre bestehen zu können, entwickeln Olivenbäume ein mächtiges Wurzelsystem. Ihre Wurzeln streichen weiträumig unter der Krone herum, um genügend Wasser aufzusaugen. Schon deshalb werden Olivenhaine sehr locker gepflanzt, bleiben zwischen den Bäumen große Abstände. Aber so werden die Bäume auch optimal von der Sonne beschienen, das wiederum wirkt sich auf eine optimale Reifung der Früchte aus.

Notizen/Geburtstage

Ölbaum *(Olea europaea)*
in der Toskana, Italien

8. Juni

Meister der Langsamkeit

Ölbäume *(Olea europaea)* wachsen sehr, sehr bedächtig. Ihre Stämme mit der grüngrauen, anfangs glatten, im Alter rissigen und runzligen Rinde bilden in ihrem langen Leben, das durchaus 1000 Jahre und mehr währen kann, zunehmend Buckel, Beulen und Knorren. Eine alte Regel besagt, dass die krummsten, knorrigsten und unansehnlichsten Bäume die reichsten Ernten bringen.

Notizen/Geburtstage

9. Juni

Bäume verbinden

Entlang vieler Meeresküsten liefert Wald den Bewohnern nicht nur Schutz vor Sturm und Wind und Bauholz für ihre Häuser, die Baumwurzeln festigen auch den Boden und hindern das Meer, sich Stück um Stück vom Land zu erobern. Holzhäuser an vorderster Front bieten einen spektakulären Ausblick über den Ozean, über Holztreppen gelangt man schnell an den Strand.

Notizen/Geburtstage

Savary Island, Kanada

10. Juni

Grün, Wohltat für die Psyche

Grün ist die Farbe der Natur. Es steht für Harmonie, sorgt für Gleichgewicht, vermittelt Ruhe. Fühlen wir uns nicht geborgen unter der freundlich grünen Krone eines Baums, erfrischt und entspannt vom munter grünen Farbton des Blätterwalds? Jetzt, im Frühsommer, vermittelt das helle, vom Sonnenlicht durchtränkte Grün besondere Lebensfreude und Vitalität.

Notizen/Geburtstage

Rotbuchen *(Fagus sylvatica)*

11. Juni

Freiheit

Zur freien Entwicklung nach allen Seiten bedarf jede Pflanze Luft und Licht, das ihr gerade so weit gewährt werden muss, als zur Gesundheit, Dichtigkeit und Fülle aller nötig ist. Es ist dies die Freiheit der Bäume, nach der wir uns ebenfalls so sehr sehnen.

Hermann Fürst von Pückler-Muskau (1785–1871)

Notizen/Geburtstage

12. Juni

Linderung mit Linden

Linden *(Tilia)* blühen als Letzte unserer heimischen Baumarten. Schon bald darauf reifen die Früchte, vor allen anderen. Aus den honigduftenden Blüten wird ein schweißtreibender Tee als probates Mittel gegen Fieber und bei grippalen Infekten aufgebrüht. In früheren Zeiten hat man volksheilkundlich auch alle anderen Teile der Linde zur Linderung von Krankheiten und Unpässlichkeiten eingesetzt. Aus den Blättern wurde mit Weißwein ein Einreibemittel gegen Gliederschmerzen und Krämpfe angesetzt. Verkohltes Lindenholz nutzte man als Zahnputzmittel. Lindenbast diente als Wundverband, als Auflage bei Brandverletzungen und Ekzemen. Die Lindenfrüchte, sechskantige Nüsschen, halfen getrocknet und zu Pulver zerrieben gegen Ruhr.

Notizen/Geburtstage

_____

_____

_____

_____

13. Juni

Erhaltenswert

Bäume in langen Reihen entlang von Wegen oder Wasserläufen gehören heute zu Naturelementen, die es zu schützen und zu erhalten gilt, obwohl vom Menschen angelegt. Die Baumreihen stellen wichtige Marken dar, die in vielen Gegenden unverzichtbar zum Landschaftsbild gehören. Zugleich dienen sie als Windbremsen, vor allem wenn sie quer zur Hauptwindrichtung stehen. So sorgen sie für ein ausgeglichenes Kleinklima und schützen vor Erosion.

Notizen/Geburtstage

An der Maas in der Provinz Gelderland (Niederlande)

14. Juni

Big Bonsai

In fernöstlicher Gartenkultur gehören streng formierte Gehölze seit jeher zu den unverzichtbaren Elementen. Aus Bäumen mit Schere und Draht unverwechselbare Gestalten zu schaffen, folgt zudem philosophischen Leitlinien. Anders als europäische Formschnittfiguren, die überwiegend massive geometrische Formen zeigen, wirken die asiatischen Kunstwerke luftig, wolkig, locker. Jede Gestalt hat zudem eine bestimmte meditative Bedeutung.

Notizen/Geburtstage

Gartenbonsai aus Japanischer Eibe (*Taxus cuspidata*)

15. Juni

Grünende Leichtigkeit

Mit keinem anderen Baum verbindet man Heiterkeit und Leichtigkeit so wie mit der Birke. Das frische Grün und die anmutige Rautenform ihrer Blätter, ihre zarten, sanft herabfließenden Zweige verbreiten eine beschwingte Stimmung, sorgen für fröhliche Gedanken.

Notizen/Geburtstage

Birke (*Betula pendula*)

16. Juni

Fürsten unter den Pflanzen

Carl von Linné (1707–1778) adelte einst, als er die Pflanzen in eine hierarchische Ordnung sortierte, die Palmen als »Principes«, die Ersten oder Fürsten im Pflanzenreich. Unwillkürlich verbinden sich mit den meist schlanken, aristokratischen Gestalten Bilder von weißen Sandständen, türkisblauem Meer, eleganten Promenaden oder aber flirrender Hitze über riesenhaften Sanddünen und der verschwommenen Silhouette einer Oase.

Notizen/Geburtstage

San Galgano, Italien

17. Juni

Methusalems

Mit 969 Jahren gilt Methusalem als der älteste Mensch, der in der Heiligen Schrift erwähnt wird. Ein wahrhaft biblisches Alter – jedoch nur in unseren Augen. Für Bäume ist das nichts Außergewöhnliches, 1000 Jahre sind für einige Arten durchaus erreichbar. Wenn Olivenbäume wie dieser aus ihrem Leben erzählen könnten! Die ältesten Bäume der Erde sind wohl Grannenkiefern *(Pinus aristata)* in Nordamerika, unter denen man fast 5000 Jahre alte Exemplare gefunden hat. In Japan schätzt man Sicheltannen *(Cryptomeria japonica)* gar auf 7000 Jahre.

Notizen/Geburtstage

Olivenbaum *(Olea europaea)* in der Toskana, Italien

18. Juni

Ein Pfeil für Eros

Der Sage nach schnitzte Eros, der römische Gott der Liebe, seine Pfeile aus dem Holz der Zypressen. Eros wählte nicht von ungefähr diese Bäume, galten die steil aufgerichteten nadeligen Säulengehölze doch als Phallussymbole.

Notizen/Geburtstage

Mittelmeer-Zypresse *(Cupressus sempervirens)*

19. Juni

Im Spiegel des Wassers

Bäume brauchen Wasser zum Leben, sie saugen es aus dem Boden auf und transportieren es bis in den höchsten Wipfel der Krone. Dank ihres ausgedehnten Wurzelsystems halten sie einem Schwamm vergleichbar Wasser im Boden zurück. So verzögern sie den Ablauf und wirken Überschwemmungen und Bodenerosion entgegen. Über ihr Blattwerk verdunsten Bäume ungeheure Mengen Wasser, reichern die Luft mit Feuchtigkeit an und nehmen damit Einfluss aufs Klima.

Notizen/Geburtstage

20. Juni

Schwimmend zur Verarbeitung

In Kanada, wo Wald intensiv zur Gewinnung von Holz genutzt wird, können die Stämme schwimmend in großen Mengen über weite Strecken transportiert werden. Vor allem an der Pazifikküste, wo viele Flüsse zur Küste fließen und Fjorde tief ins Landesinnere ragen, lässt sich das Holz zuerst im Wasser sammeln und dann in riesigen Flößen über das Meer zu großen Häfen bringen. Manche Flöße erreichen durchaus eine Länge von mehr als 1 Kilometer.

Notizen/Geburtstage

21. Juni

Abendstimmung

Ein heißer Sommertag geht zu Ende, die Sonne neigt sich hinter die Kronen von Kopfweiden. Mit ihren langen Ästen, an denen zierlich-schlanke Blätter sitzen, scheinen die Bäume uns Kühlung zuzufächeln. Weiden wachsen bevorzugt in Wassernähe, saugen täglich große Mengen davon auf und verdunsten es über ihr Laub. Schatten spenden sie mit ihren lichten Kronen nur spärlich, dafür zaubern sie aber hübsche Lichtspiele auf den Boden.

Notizen/Geburtstage

Kopfweiden *(Salix)*

22. Juni

Akrostichon

B lattwerk
A stwerk
U nd unbestritten ein
M eisterwerk

Notizen/Geburtstage

23. Juni

Goethes Lieblingsbaum

Dass der deutsche Dichterfürst Goethe auf sein Werk als Naturforscher stolzer war als auf sein literarisches Schaffen, ist kaum geläufig. Wir kennen vor allem seine Dramen und Gedichte. Doch wer weiß schon, dass Goethe auch einigen Pflanzen zu großer Popularität verholfen hat? Mit großer Wahrscheinlichkeit bewunderte er einen männlichen und einen weiblichen Ginkgo *(Ginkgo biloba)* im Schlosspark Harbke in Sachsen-Anhalt. Fasziniert von der Zweihäusigkeit (die Geschlechter sind bei Ginkgos getrennt auf verschiedenen Bäumen) und von der geteilten Form der Fächerblätter machte er die geteilte Einheit in seinen Divan-Gedichten zum Leitmotiv.

Ist es ein lebendig Wesen,
das sich in sich selbst getrennt?
Sind es zwei, die sich erlesen,
dass man sie als eines kennt?

                Westöstlicher Divan, *Johann Wolfgang von Goethe (1782–1832)*

Notizen/Geburtstage

24. Juni

Unumwunden verwunden

Glyzinen *(Wisteria)*, wegen ihrer hellblauen Blütentrauben auch Blauregen genannt, sind verholzende Kletterpflanzen. Sie umschlingen jede sich bietende Stütze, um in die Höhe zu gelangen – und das können durchaus 30 Meter sein. Der Spross wird von Jahr zu Jahr dicker und auch stärker. Wo kein stabiler Halt zu finden ist, bildet die Glyzine selbsttragende, mehr als armdicke, gewundene Stämme. Dann wird sie meist nicht höher als 10 Meter.

Notizen/Geburtstage

25. Juni

Hör doch!

Baumstämme leiten aufgrund ihrer Struktur Schallwellen besonders gut. An einem gefällten Stamm lässt sich das leicht nachvollziehen. Legen Sie Ihr Ohr an einem Ende des Stamms dicht an. Klopft am anderen Ende jemand an den Stamm, so nehmen Sie dies sehr deutlich wahr.

Notizen/Geburtstage

26. Juni

Windschnittig

Ein kräftiger Wind, der beständig aus einer Richtung bläst, kann auch den stärksten Baum zermürben. Statt sich auf ein Kräftemessen mit dem Wind einzulassen, das auf Dauer unzweifelhaft der Wind gewinnen würde, wählt der Baum lieber gleich den Weg des geringsten Widerstands. Er wächst einfach so, dass er dem Gebläse möglichst wenig die Stirn bietet, optimiert sozusagen seinen CW-Wert (Maß für den Strömungswiderstand).

Notizen/Geburtstage

Nadelgehölze am Pacific Trail,
Ucluelet, Kanada

27. Juni

Der Garten der Iris Origo

Die Schriftstellerin Iris Origo (1902–1988) liebte Amerika, England und Italien gleichermaßen. Mit ihrem Mann, Marchese Antonio Origo, kaufte sie das Landgut La Foce in der Toskana und verwandelte das karge, trockene Anwesen in eine blühende Gartenoase, in der sich italienische Gartenkultur der Renaissance mit englischer Gartenkunst der Moderne vereint.

Notizen/Geburtstage

Giardino La Foce, nahe Siena, Italien

28. Juni

Ikone der Landschaft

Um eine malerische Aussicht genießen zu können, ließen die Besitzer des Landguts La Foce auf dem gegenüberliegenden Hügel eine Serpentinenstraße zu einem kleinen Bauernhof mit Zypressen *(Cupressus sempervirens)* säumen. Die Szene ist gelungen, heute zählt sie zu den berühmtesten Zypressenbildern der südlichen Toskana.

Notizen/Geburtstage

Nahe Chianciano Terme
südlich von Siena, Italien

29. Juni

Stattlich in jeder Beziehung

Aus dem Serra de Sintra, einem subtropischen Wald mit rund 3000 verschiedenen Pflanzenarten, erhebt sich der Ort Sintra in der Nähe der portugiesischen Hauptstadt Lissabon. Adel und Bourgeoisie zogen sich in diese idyllische Landschaft zurück, erbauten sich hier Paläste und Villen. So schmuck und stattlich wie die Schlösser sind auch die Bäume in den verschwiegenen Gärten innerhalb der Mauern.

Notizen/Geburtstage

Palácio Nacional de Sintra an der Algarve, Portugal. Gebäudeflügel des Erweiterungsbaus von Manuel I. aus dem frühen 16. Jahrhundert

30. Juni

Morgendämmerung

Frühmorgens, wenn die ersten Sonnenstrahlen eine besondere Stimmung an den Himmel zaubern, ist der Wald erfüllt von Frieden und Stille. Eines der kostbarsten Geschenke, die uns die Natur zu geben vermag, ist ein solcher Moment.

Notizen/Geburtstage

1. Juli

Zwiesprache mit einem Baum

Haben Sie schon einmal mit einem Baum geredet? Was für ein Gesprächspartner! Er ist immer da, er hat immer Zeit, er hört immer zu. Ich kann ihm meine geheimsten Gedanken anvertrauen, er behält Stillschweigen. Ich kann ihn provozieren, er gibt niemals Widerworte. Ich kann ihn umschmeicheln, er dankt es mit Blättersäuseln und Zweigrascheln. Sagte Erich Kästner (1899–1974) deshalb, dass man mit Bäumen wie mit Brüdern reden kann?

Notizen/Geburtstage

2. Juli

Edle Reben

Auf roter Erde gedeihen beste Trauben, aus denen edler Rebensaft gewonnen wird. Ließe man die Weinreben wachsen, würden sie bis zu 10 Meter lange Triebe bilden, die sich mithilfe von Ranken an jeder sich bietenden Stütze festklammern. Doch die Winzer lenken das Wachstum in strenge Bahnen. Auf kurzen Stämmen dürfen sich nur wenige Ranken entfalten. Alle Kraft der Rebe soll in die Früchte gehen.

Notizen/Geburtstage

Weinreben *(Vitis vinifera* ssp. *vinifera)* in Italien

3. Juli

Nasenzwicker

Wer erinnert sich nicht an die Kindheit, wo wir uns die geflügelten Früchte des Ahorns *(Acer)* als Hörner auf die Nase geklebt haben? Fasziniert sind wir immer noch von der ausgeklügelten Konstruktion der Früchte. Dank ihrer Propeller rotieren die Ahornfrüchte wie kleine Hubschrauber langsam zu Boden. Weht nur ein wenig Wind, nimmt er sie gleich mit auf die Reise.

Notizen/Geburtstage

_____

_____

_____

_____

_____

4. Juli

Frisch umringt

Die Bäume am Wassergraben rund um Schloss Doorwerth sind vergleichsweise jung. Das Schloss selbst geht in seinen Ursprüngen bis ins 13. Jahrhundert zurück, es wurde etliche Male zerstört und wieder aufgebaut. Die schlimmsten Stunden erlebte Doorwerth nahe Arnheim gegen Ende des Zweiten Weltkriegs, als es fast völlig zur Ruine wurde, einschließlich der Außenanlagen. Bald nach dem Krieg baute man es wieder auf und pflanzte auch die Bäume.

Notizen/Geburtstage

Kasteel Doorwerth in Gelderland, Niederlande

5. Juli

Baumkuchen

Auf einem so genannten Baum am offenen Feuer backt man den »König der Kuchen«, den Baumkuchen. Die gehaltvolle Teigmasse wird schichtenweise auf eine Walze aus Buchenholz aufgetragen und (traditionell) am offenen Feuer gebacken. Der fertige Kuchen zeigt aufgeschnitten eine den Jahresringen von Bäumen vergleichbare Struktur. Die ältesten Rezepte für Baumkuchen stammen aus dem 15. Jahrhundert, heutzutage ist Baumkuchen vor allem in Japan äußerst beliebt – übrigens unter seinem deutschen Namen oder kurz als »Baum«.

Notizen/Geburtstage

_____

_____

_____

_____

_____

6. Juli

Tonikum und Elixier

Aus Birken *(Betula)* gewinnt man im Frühjahr Birkensaft, indem die Stämme angezapft werden. Der ausfließende Zuckersaft gilt in der Volksheilkunde als Stärkungsmittel, soll entschlackend wirken und Haarausfall vorbeugen. Birkenblätter werden, als Tee aufgegossen, zu Durchspülungskuren der Harnwege genutzt. Ein Auszug der Blätter dient als Haarpflegemittel. Aus dem Holz der Birken extrahiert man Xylit, einen Zuckeraustauschstoff.

Notizen/Geburtstage

Hängebirke *(Betula pendula)*

7. Juli

Paradiesische Zustände

Im Liegestuhl ruhen, beschirmt von leise raschelnden und Schatten spendenden Zweigen eines Baums, was kann es Lauschigeres geben? Schon deshalb gehört in jeden Garten ein Baum. Dieser steht im Paradiesgarten – so nennt sich der Garten einer Familie in Elmshorn, die ihn nicht nur privat, sondern auch als Ausstellungsgelände für schöne Gartendinge nutzt.

Notizen/Geburtstage

_____

_____

_____

_____

_____

8. Juli

Namenspaten

Welche Bedeutung Bäume für den Menschen haben, spiegelt sich auch in Namen wider. Da gibt es nicht nur Familiennamen wie Baum oder Lindemann, Vornamen wie Linda oder unzählige Straßennamen von Ahornweg bis Zedernallee, sondern auch viele Ortsnamen.
Neben Eiche und Linde findet man in Ortsnamen sehr häufig die Eibe: Eibsee, Eibelstadt, Eiberswalde, Eibenberg, Eibau, Eibelshausen, Eibenhof, Eibenstock, Ibach, Ibbenbüren oder Ibenhorst.

Notizen/Geburtstage

Europäische Eibe *(Taxus baccata)*

9. Juli

Weltkulturerbe

Weiche Hügel, auf denen antike Landhäuser inmitten von weiten Getreidefeldern thronen – so präsentiert sich das Val d'Orcia in der Toskana. Zu den Landhäusern führen unasphaltierte Straßen, gesäumt von langen Reihen Zypressen *(Cupressus sempervirens)*. Die rustikale Landschaft, die in jahrhundertelanger Tradition von den Menschen in Harmonie mit der Natur hervorgegeganen ist, hat die UNESCO 2004 zum Weltkulturerbe erklärt. Weltweit bekannt ist die Gegend aber auch durch ihre herausragenden Weine wie den Brunello oder den Rosso di Montalcino.

Notizen/Geburtstage

Castiglione d'Orcia, Toskana, Italien

10. Juli

Ein Baum als Kirche

Franziskus von Assisi (1181–1226), Gründer des Ordens der Minderen Brüder, könnte man als einen der ersten Umweltschützer bezeichnen, denn er setzte sich sehr für den Erhalt der Natur ein. Berühmt geworden ist er unter anderem durch seine Predigt zu den Vögeln. Der Legende nach saßen die Vögel auf ebenden Zweigen der Eiche, die heute noch an der steinernen Brücke zur Eremo delle Carceri wächst, und lauschten andächtig seinen Worten. Der kleine Klosterbau am Monte Subasio in der Nähe der Stadt Assisi überspannt eine Grotte, in die sich Franziskus zum stillen Gebet zurückzog.
Aus dem Sonnengesang *(Il cantico di frate Sole)*, einem Gebet von Franziskus von Assisi: »Gelobt seist Du, Herr, durch unsere Schwester, die Mutter Erde, die gütig und stark uns trägt und mancherlei Frucht uns bietet mit farbigen Blumen und Matten.«

Notizen/Geburtstage

11. Juli

Es grünt so grün ...

Der Ohrwurm aus dem Musical *My Fair Lady* ließe sich hier wunderbar singen – obwohl hier nicht Spaniens Blüten blühen, sondern »nur« Bäume der Allee grünen.

Notizen/Geburtstage

_____

_____

_____

_____

12. Juli

Lebendes Fossil

Ähnlich wie Ginkgo *(Ginkgo biloba)* oder Urweltmammutbaum *(Metasequia glyptostroboides)* hat auch der Katsura- oder Kuchenbaum *(Cercidiphyllum japonicum)* viele Millionen Jahre als Baumart überdauert und sich dabei kaum verändert. Als lebendes Fossil gibt er Zeugnis von vergangenen Epoche der Erde im ostasiatischen Raum. Verwandte gab es einst auch in Europa und Nordamerika, diese sind aber längst ausgestorben. Heutzutage ist der Katsurabaum als Park- und Gartengehölz sehr geschätzt – nicht zuletzt wegen seiner wunderbar gleichmäßig geformten Blätter.

Notizen/Geburtstage

_____

_____

_____

_____

13. Juli

Wie hoch ist dieser Baum?

Die Wuchshöhe lässt sich mit der Holzfällermethode recht gut abschätzen: Mit rechtwinkelig vom Körper vorgestrecktem Arm und Faust mit nach oben gerecktem Daumen geht man so weit vom Baum weg, bis der Baum vom Wipfel bis zum Stammfuß exakt zwischen Daumenspitze und Faustunterseite passt. Dann dreht man die Hand nach links (oder rechts) in die Waagrechte und merkt sich, wo die Daumenspitze hinzeigt. Diese Stelle markiert man mit einem Stock, so lässt sich alles noch einmal genau anvisieren. Wenn der Abstand stimmt, schreitet man die Strecke zwischen Stock und Baumstamm mit großen Schritten (Schrittlänge ca. 1 Meter) ab. Die Anzahl der Schritte entspricht der Baumhöhe in Metern.

Notizen/Geburtstage

Paleis Het Loo, Apeldoorn, Niederlande

14. Juli

Schattendasein

Unter den Kronen der Bäume ist das Leben für Pflanzen nicht leicht. Die dicht belaubten Äste verhindern, dass Sonnenlicht bis zum Boden vordringt – und wo kein Licht, da auch kein Pflanzenwachstum. Trotzdem schaffen es manche Spezialisten, selbst im tiefen Schatten zu überleben. Vor allem Moose und Farne zeigen sich als äußerst genügsam.

Notizen/Geburtstage

Botanischer Garten Von Gimborn Arboretum in Doorn, Niederlande

15. Juli

Kiefern im Almrausch

Aus einem mächtigen Teppich aus rot blühenden Rostroten Alpenrosen *(Rhododendron ferrugineum)*, auch Almrausch genannt, erheben sich als wohlgeformte Kegel Zirbelkiefern *(Pinus cembra)*. So hoch wie sie, mit deren Holz man typisch alpenländische Bauernstuben täfelt, steigt außer der Latschenkiefer *(Pinus mugo)* und der Lärche *(Larix decidua)* kein Baum. Noch in über 2500 Meter Höhe kann man ihren würzigen Duft genießen und Zapfen mit den wohlschmeckenden Zirbelkernen finden.

Notizen/Geburtstage

Wandergebiet Hirzer nahe Meran, Südtirol

16. Juli

Und abends lockt die Kastanie

Wenn im Hochsommer die Dämmerung anbricht, steigen liebliche Düfte durch die Luft. Sie erheben sich aus unzähligen weißen Blütenkerzen und locken nachtaktive Schmetterlinge herbei. Die Strauchkastanie *(Aesculus parviflora)* blüht!
Strauchkastanien sind gleichsam die kleinen Schwestern unserer mächtigen Rosskastanien *(Aesculus hippocastanum)*, sie wachsen mehr in die Breite denn in die Höhe. Mithilfe ihrer starken unterirdischen Ausläufer bilden sie mit den Jahren üppige Dickichte.

Notizen/Geburtstage

17. Juli

Die grüne Krone

Über die Nordhalbkugel, von Kanada über Skandinavien und Sibirien bis zur Mongolei, zieht sich ein schier unermesslicher Waldgürtel. Er setzt unserem blauen Planeten eine grüne Krone auf. Geprägt von langen, schneereichen und teils extrem kalten Wintern sowie kurzen, kühlen Sommern können sich in dieser Zone nur wenige Baumarten durchsetzen. Es sind vor allem Nadelgehölze wie Fichten *(Picea)*, Tannen *(Abies)*, Kiefern *(Pinus)* und Lärchen *(Larix)*.

Notizen/Geburtstage

18. Juli

Kunst der Natur

Ein Sammelsurium verschiedenster Materialien vereint sich zu einem vergänglichen Kunstwerk. Von Wasser angeschwemmt, vom Wind verfrachtet, mischen sich am Strand Schätze, welche Land und Meer zu bieten haben: vom Gestein bunte Kiesel, von Bäumen Holzskulpturen, vom Meeresgrund Muscheln, Tang und Sand.

Notizen/Geburtstage

19. Juli

Schätze der Inseln

Bäume wie Sitka-Fichte *(Picea sitchensis)* oder Hemlock-Tanne *(Tsuga heterophylla)* spielen in der Kultur der Haida First Nation, die auf den Queen-Charlotte-Inseln vor der kanadischen Pazifikküste leben, eine bedeutende Rolle. Aus den Stämmen fertigen die Haida People vieles, was sie zum Leben und für religiöse Zwecke brauchen, etwa Kanus und Totems. Kaum verwunderlich, dass Bäume von den Haida entsprechend hoch geschätzt und verehrt werden. Die noch weitgehend unberührten Wälder sind heute Nationalpark, jeder Besucher erhält eine Einführung von einem Haida-Mitglied. Pro Saison dürfen nur 3000 Touristen den Park besuchen.

Notizen/Geburtstage

20. Juli

In Gedenken

Archibald Menzies (1754–1842), schottischer Arzt und Botaniker, war einer der ersten Europäer, der die Fachwelt auf die außergewöhnliche Flora im pazifischen Nordwesten Nordamerikas aufmerksam machte. Auf vielen Reisen, darunter mit Kapitän Vancouver, sammelte er bislang unbekannte Bäume, Sträucher und Blumen und brachte sie nach England. Ihm zu Ehren ist eine der Aufsehen erregendsten Baumarten Nordamerikas benannt, der Pazifische Erdbeerbaum: *Arbutus menziesii*.

Notizen/Geburtstage

_____

_____

_____

_____

_____

21. Juli

Showeffekte

Leuchtend orangerote Borke schält sich in großen Streifen ab, darunter kommt eine satinartige, silbrig schimmernde Rinde zum Vorschein. Glänzend dunkelgrüne Blätter stehen dazu im Kontrast. Im Frühjahr erscheinen an den Zweigen in dichten Büscheln Blüten, Maiglöckchen sehr ähnlich. Daraus reifen bis zum Spätsommer rote Beerenfrüchte, die wiederum an Erdbeeren erinnern. Die Früchte trugen dem Baum schließlich auch seinen Namen ein: Erdbeerbaum.

Notizen/Geburtstage

Pazifischer Erdbeerbaum
(Arbutus menziesii)

22. Juli

Mächtig prächtig

Gepflanzt am 23. Januar 1579 anlässlich der Unterzeichnung der Utrechter Union, des Vertrags zur Gründung der Sieben Vereinigten Niederlande, füllt die aus den südlichen USA stammende Scheinakazie *(Robinia pseudoacacia)* mit ihrer mächtigen Krone heute fast den gesamten Innenhof der Burg Doorwerth bei Arnheim aus. Mit 7 Metern Stammumfang ist es das dickste und mit weit über 400 Jahren auch das älteste Exemplar des Landes. Der prächtige Baum muss auch einer der Ersten seiner Art überhaupt gewesen sein, der in Europa angepflanzt wurde – älter noch als die berühmten Scheinakazien von Paris, die als älteste Bäume der französischen Hauptstadt gelten. Dort, im Jardin des Plantes und vor der Nordfassade von St. Julien-le-Pauvre nahe Notre Dame, wurden sie um 1600 gesetzt vom königlichen Hofgärtner Jean Robin (1550 bis 1629), zu dessen Ehre sie ihren Namen tragen: Robinien.

Notizen/Geburtstage

Kasteel Doorwerth in Gelderland, Niederlande

23. Juli

Dörfliche Idylle

Die Bäume erscheinen auf der Bühne des mittelalterlichen Örtchens Monticchiello als grüne Schauspieler zwischen den sienafarbenen Mauern und Dächern. Einmal pro Jahr übernehmen allerdings die Einwohner die Hauptrollen, das Bergdorf ist berühmt für seine Aufführungen des Teatro Povero, des Armen Theaters. Gespielt werden avantgardistische Stücke – weit entfernt vom üblichen Bauerntheater.

Notizen/Geburtstage

24. Juli

Dr. Wald

Wenn ich an Kopfweh leide und Neurosen,
mich unverstanden fühle oder alt,
wenn mich die holden Musen nicht liebkosen,
dann konsultiere ich den Dr. Wald.

Er ist mein Augenarzt und mein Psychiater,
mein Orthopäde und mein Internist.
Er hilft mir sicher über jeden Kater,
ob er aus Kummer oder Kognak ist.

Er hält nicht viel von Pülverchen und Pillen,
doch umso mehr von Luft und Sonnenschein!
Und kaum empfängt mich seine duft'ge Stille,
raunt er mir zu: Nun atme mal tief ein!

Ist seine Praxis auch sehr überlaufen,
in seiner Obhut läuft man sich gesund,
und Kreislaufschwache, die kaum noch
    schnaufen,
sind morgen ohne klinischen Befund.

Er bringt uns immer wieder auf die Beine.
Und unsre Seelen stets ins Gleichgewicht,
verhindert Fettansatz und Gallensteine –
bloß Hausbesuche macht er leider nicht!

Verfasser unbekannt

Notizen/Geburtstage

_____

_____

_____

_____

25. Juli

Lehre von den Bäumen

Der griechische Philosoph und Naturforscher Theophrastos von Ephesos (371–287 v. Chr.) gilt als Begründer der Dendrologie, der Lehre von den Bäumen (nach griechisch *dendron* = Baum). Zu seiner Zeit herrschte in Athen akuter Holzmangel, weil Alexander der Große (356–323 v. Chr.), Herrscher des waldreichen Makedoniens, den Athenern kein Schiffsbauholz mehr lieferte. Theophrastos befasste sich daraufhin eingehend mit Fragen der Baumbotanik, Holznutzung und Standortkunde. Quintessenz seiner Forschungen waren auch wesentliche Erkenntnisse des Waldbaus.

Notizen/Geburtstage

26. Juli

Alles ist eins

Holz, angeschwemmt von den Wellen, zerfällt und kehrt zurück in den Schoß der Erde. Dort dient es als Grundlage für neues Wachstum, es erwächst ein neuer Baum, der wieder Holz bildet. Irgendwann bricht der Baum, das Holz zerfällt …

Notizen/Geburtstage

27. Juli

Perspektivenwechsel

Ein Urlaubserlebnis der besonderen Art ist es, Strandbilder aus neuer Perspektive zu entdecken. Treibholz bietet immer wieder neue Anblicke, Einblicke, Durchblicke – wechseln Sie doch einmal den Blickwinkel!

Notizen/Geburtstage

28. Juli

La Serenissima

Venedig, die geschichtsträchtige Lagunenstadt, steht auf Millionen von Baumstämmen. Eichen, Lärchen und Ulmen tragen, als Pfähle in den schlammigen Boden gerammt, die Häuser. Die genaue Zahl der Pfähle lässt sich nicht ermitteln, aber man schätzt, dass allein die Rialtobrücke sich auf 12 000 und der Campanile von San Marco sich auf 100 000 Stämmen erhebt.

Notizen/Geburtstage

29. Juli

Dimensionen

Die Rundungen des silbern schimmernden Gebäudes kommen optimal zur Geltung dank der besonderen Begleiter. Die beiden Ahornbäume *(Acer)* wirken durch die flach an Metallgestellen gezogenen Kronen nahezu zweidimensional.

Notizen/Geburtstage

In den Gärten von Appeltern, Niederlande

30. Juli

Hochalpines Treibgut

Das Leben im Hochgebirge ist hart für alle Lebewesen. Auch Bäume müssen dort jeden Tag kämpfen. Viele werden von den Kräften der Natur gefällt und zu Tal geschwemmt. Sie sammeln sich als Treibgut an den Ufern der Seen.

Notizen/Geburtstage

Moraine Lake, Banff National Park, Kanada

31. Juli

Triften und Flößen

Baumstämme transportiert man schon seit der Antike bevorzugt mithilfe von Wasser. Schwimmen die Stämme frei im Gewässer, spricht man vom Triften. Werden sie dagegen miteinander verbunden, entstehen Flöße, die sich dann auch steuern lassen. Beim Wassertransport werden aus den Stämmen viele Stoffe herausgewaschen. Das Holz verwirft sich später nur wenig, in diesem Sinn hat die Flößerei einen positiven Effekt.

Notizen/Geburtstage

_____

_____

_____

_____

_____

1. August

Spiegelglatte Rinde

»Buchen musst du suchen, Eichen sollst du weichen!«, heißt eine alte Bauernregel zum Verhalten bei Gewittern. Aber davon ist dringend abzuraten. Blitze suchen sich immer ein hochgelegenes Objekt, sie unterscheiden nicht zwischen Baumarten. Weg von Bäumen!, lautet die richtige Devise.
Ihren Ursprung hat die Regel in der glatten, silbrig schimmernden Rinde der Buchen, in der man keinerlei Spuren eines Blitzeinschlags bemerkt. Im Gegensatz zu anderen Bäumen, die nach einem Treffer deutliche Narben davontragen, bleibt bei Buchen der Stamm nahezu unversehrt, der Blitz gleitet quasi an ihnen einfach ab.

Notizen/Geburtstage

Rotbuche *(Fagus sylvatica)*

2. August

Medizin der Bäume

Seit Urzeiten nutzen wir nicht nur Kräuter, sondern auch Bäume als Heilpflanzen. Weidenrinde etwa ergibt aufgebrüht einen Tee, der Fieber senken, Schmerz stillen und Rheuma lindern kann. Die Wirkungen gehen vor allem auf einen Inhaltsstoff zurück: Salicin, abgeleitet vom botanischen Namen *Salix* der Weiden. Früher wurde aus Salicin Salicylsäure gewonnen. Aus Salicylsäure lässt sich wiederum Acetylsalicylsäure (ASS) herstellen, eines der bekanntesten Schmerzmittel der Welt.

Notizen/Geburtstage

Kopfweiden *(Salix)* und Hortensien *(Hydrangea)* in den Gärten von Appeltern, Niederlande

3. August

Edles Holz mit feinem Duft

Eines der leichtesten Hölzer von Nadelbäumen, gut zu bearbeiten, farbintensiv und fein gemasert, harzfrei und doch aromatisch duftend, widerstandsfähig gegen Pilzbefall und bemerkenswert wärmeisolierend – das sind nur einige Eigenschaften, welche die Kanadische Rot-Zeder oder den Riesen-Lebensbaum *(Thuja plicata)* so begehrenswert machen. Es wird nicht nur für Schnitzereien verwendet, sondern auch zum Hausbau, für Schindeln und Feuchraumvertäfelungen. Frischer kanadischer Wildwasserlachs, auf einem Rot-Zederbrett gegart und serviert, ist eine wahre Delikatesse.

Notizen/Geburtstage

_____

_____

_____

_____

_____

4. August

Schön geschichtet

Ein Wald lässt sich in drei Stockwerke gliedern. Unten am Boden beginnt es mit der Moos- und Krautschicht. Sie wird etwa knie- bis hüfthoch und erneuert sich in der Regel jährlich. Die Strauchschicht, ungefähr mannshoch, setzt sich aus Sträuchern und jungen Bäumen zusammen. Überragt wird alles von der Baum- oder Kronenschicht der Bäume. Je nach Gehölzart und Waldform kann diese Schicht haushoch oder gar kirchturmhoch werden.

Notizen/Geburtstage

5. August

Unter Bäumen

Sommer – eine herrliche Zeit zum Genießen im Freien. Unter Bäumen lässt es sich an heißen Tagen besonders angenehm sitzen. Die Kronen spenden kühlenden Schatten, die Blätter sorgen mittels Verdunstung für eine erfrischende Atmosphäre.

Notizen/Geburtstage

In den Gärten von Appeltern, Niederlande

6. August

Da fiel etwas vom Baum herab

Aschenputtel setzte dem Märchen nach einen kleinen Zweig aufs Grab ihrer Mutter. Während dieser zu einem Baum heranwuchs, fand sie unter den Ästen Trost – als würde die Mutter über den Tod hinaus schützend ihre Arme über ihr Kind breiten. Aus dem Zweig wird gar ein Schicksalsbaum, denn aus ihm fallen die herrlichen Gewänder und Schuhe, mit denen Aschenputtel schließlich ihr Glück findet.

Notizen/Geburtstage

Junge Schotenfrüchte einer Robinie *(Robinie pseudo-acacia)*

7. August

Altindische Weisheit

Dem Baume gleich, dem Fürsten des Waldes,
gewiss, ihm gleich ist der Mensch.
Seine Haare entsprechen den Blättern,
der Außenrinde gleicht die Haut.
Es strömt das Blut in seiner Haut
wie unter der Rinde des Baumes der Saft.
Dem Holz vergleichbar ist das Fleisch,
so wie dem Bast die starke Sehne.
Die Knochen sind das Innenholz,
das Mark vergleicht dem Marke sich.

Upanishad, *Sammlung philosophischer Schriften des Hinduismus*

Notizen/Geburtstage

_____

_____

_____

_____

_____

8. August

Leben am Abgrund

Ist es nicht bewundernswert, mit welcher Selbstverständlichkeit sich so mancher Baum klaglos durchs Leben schlägt? Am Steilhang, nichts als Felsen unter seinem Stamm, klammert er sich mit zähen Wurzeln in jede noch so kleine Ritze und treibt unverdrossen immer neues Grün.

Notizen/Geburtstage

Auf dem Weg zur Eremo delle Carceri am Monte Subasio, Umbrien, Italien

9. August

Gliederung des Raums

Gestalter setzen Bäume ganz gezielt in Gärten, um die Fläche in verschiedene Abschnitte zu gliedern. Was liegt hinter der Säulenmauer aus Zypressen *(Cupressus sempervirens)* hinten rechts verborgen? Welche Aussicht erwartet den, der nach links unter den großen Immergrünen Magnolien *(Magnolia grandiflora)* hindurchschreitet? Genau dieses Geheimnis lässt einen Garten gelungen wirken, erzeugt Spannung und weckt das Bedürfnis, ihn zu erkunden.

Notizen/Geburtstage

Giardino La Foce, Toskana, Italien

10. August

Stammbaum

Ein Baum spiegelt die Lebensalter des Menschen wider, vom Keimen und Wachsen über Blühen und Fruchten bis zum Zusammenbruch und Vergehen. Von der Wurzel über den Stamm verzweigt er sich wie ein Menschengeschlecht. Mit einem Baum stellt man daher oft die Familienzugehörigkeiten dar: dem Stammbaum.

Notizen/Geburtstage

11. August

Mein Traum-Holzhaus

Holz ist ein sehr umweltschonender Baustoff, denn zur Gewinnung und Verarbeitung braucht es viel weniger Energie als alle anderen Materialien. Für Stahl müsste man 24-mal so viel Energie aufwenden, für Aluminium gar das 126-fache. Noch ein Vorteil von Holz: Es schwimmt.

Notizen/Geburtstage

Holzhaus im Kyuquot Sound an der Pazifikküste Kanadas

12. August

Weißt du, dass die Bäume reden?

Ja, sie reden.
Sie sprechen miteinander,
und sie sprechen zu dir,
wenn du zuhörst.
Aber die weißen Menschen
hören nicht zu.
Sie haben es nie der Mühe wert gefunden,
uns Indianer anzuhören,
und ich fürchte,
sie werden auf die anderen Stimmen
in der Natur nicht hören.
Ich selbst habe viel von den Bäumen
  erfahren:
manchmal etwas über das Wetter,
manchmal über Tiere,
manchmal über den Großen Geist.

Tatanga Mani (1871–1967)

Notizen/Geburtstage

_____

_____

_____

_____

_____

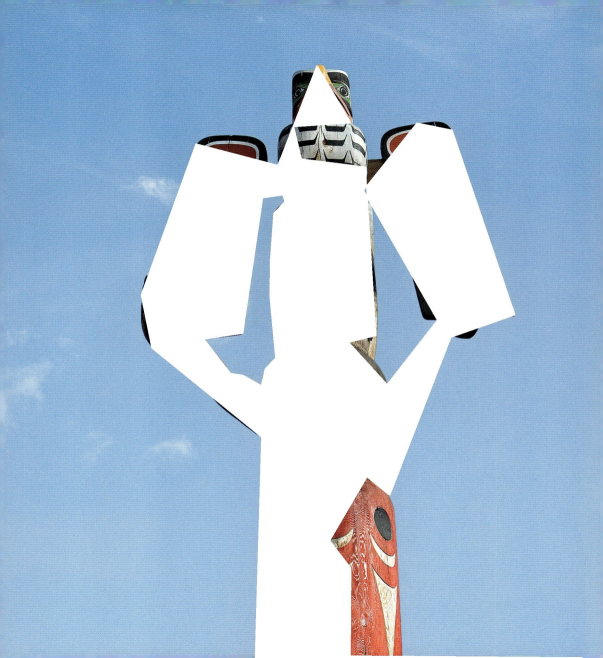

13. August

Können Bäume in den Himmel wachsen?

Die höchsten Bäume der Welt sind Küstenmammutbäume *(Sequoia sempervirens)* und Riesen-Lebensbaum *(Thuja plicata)* in Nordamerika. Sie werden über 120 Meter hoch. Welche Leistung!
Aber ist damit der Gipfelpunkt erreicht, oder könnten Bäume noch höher werden? Theoretisch ja, denn sie vermögen Wasser viele hundert Meter nach oben zu pumpen, wenn nicht die Wassersäule in den Leitbahnen im Stamm unter ihrem Gewicht reißen würde. Und das ist bei rund 140 Metern der Fall und begrenzt das Baumwachstum.

Notizen/Geburtstage

Hollow Cedar, ein Riesen-Lebensbaum auf dem TinWis Treetrail, Vancouver Island, Kanada

14. August

Junger Baum in altem Garten

Obwohl Steineichen *(Quercus ilex)* »steinalt« werden können, ist dieses Exemplar sicherlich jünger als die Gebäude dahinter und die Parkanlage, in der es steht. Die Kirche der mittelitalienischen Kleinstadt San Quirico d'Orcia stammt aus dem 12. Jahrhundert. Die Horti Leonini wurden von Diomede Leoni, einem Schüler Michelangelos, im 16. Jahrhundert angelegt. Das Alter der Steineiche schätzen wir auf maximal 80 Jahre.

Notizen/Geburtstage

_____

_____

_____

_____

_____

15. August

Kostbares Grün

In drangvoller Enge stehen die Häuser, dazwischen bleibt kaum Raum für Gärten. Und doch gibt es in Venedig, der Stadt mitten im Wasser, erstaunlich viele Grünanlagen – wenn auch meist nur winzige. Doch die Giardini werden von den Bewohnern umso mehr geschätzt. »In den schmalen Kanälen, auf der Jagd nach Amüsement, sind sie die allerhübscheste Überraschung. Das Gewirr von Pflanzen und Blüten drängt sich über ramponierte Mauern, das Grün arrangiert sich mit den verwitterten, roten Ziegeln«, schreibt der amerikanische Schriftsteller Henry James (1843–1916).

Notizen/Geburtstage

16. August

Mal dicker, mal dünner

Kaum zu glauben, aber wahr: Baumstämme schrumpfen tagsüber und schwellen nachts wieder an. Vor allem an heißen Sommertagen verdunstet ein Baum über seine Blätter weitaus mehr Wasser, als er über sein Wurzelwerk aus dem Boden nachsaugen kann. Das elastische Gewebe direkt unter der Borke, in dessen Wasserleitbahnen das Nass von unten nach oben fließt, verengt sich. In der kühleren Nacht »trinkt« sich der Baum wieder voll, füllt ähnlich wie ein Kamel seine Höcker seine Speicher mit Wasser an. Die Zellen dehnen sich aus, der Umfang des Stamms nimmt zu.

Notizen/Geburtstage

_____

_____

_____

_____

_____

17. August

Wohl wahr!

Fälle nicht den Baum, der dir Schatten spendet.

Arabisches Sprichwort

Notizen/Geburtstage

Steineiche *(Quercus ilex)*

18. August

Wilde Kulturlandschaft

Die natürliche Vegetation im Mittelmeerraum bestünde aus riesigen Eichenwäldern, wenn nicht der Mensch eingegriffen hätte. Doch bereits in der Antike wurden diese Wälder abgeholzt, abgebrannt und intensiv beweidet. In den Jahrtausenden passte sich an diese Nutzungen sowie an die besonderen Klimaverhältnisse eine Pflanzengemeinschaft an, die eher eine Gebüschformation, allenfalls einen sehr niedrigen Wald darstellt: die Macchie. Sträucher wie Zistrosen, Ginster, Oleander, Myrten oder Baumheiden wechseln ab mit Bäumen wie Kermeseichen *(Quercus coccifera)* und Steineichen *(Quercus ilex).*

Notizen/Geburtstage

19. August

Flächendeckend

Breitete man all ihre Äste und Ästchen, Zweige und Zweiglein, Blätter und Blättchen aus, überspannte die Krone einer ausgewachsenen Rotbuche *(Fagus sylvatica)* nahezu 500 Quadratmeter Fläche – allerdings nur in freiem Stand. Im Wald herrscht starke Konkurrenz um den Luftraum, die Buchen müssen um jeden Quadratzentimeter ringen.
Weil das Laubdach dicht geschlossen ist, findet man im Buchenwald auf dem Boden selten sonnendurchflutete Flecken. Dringt doch einmal ein Sonnenstrahl hindurch, malt er gleichsam ein Abbild der Sonne auf den Boden – einen kreisrunden Fleck. Die engen Blattzwischenräume wirken nämlich wie Fotolinsen und bündeln die Strahlen.

Notizen/Geburtstage

20. August

Tor der Erinnerung

Der Baum scheint sich losreißen zu wollen aus seinem erdverwurzelten Dasein. Schon halb hat sich der Stamm auf Stelzen erhoben – oder doch nicht? Nein, einst wuchs der Baum in jungen Jahren auf einem alten, nutzte dessen sich zersetzendes Holz als Nahrung. Seine Wurzeln umschlangen den morschen Vorfahren, senkten sich allmählich in den Waldboden. Mit den Jahren zerfiel der alte Baum, der als Amme gedient hatte. Doch unter seinem Nachkommen erinnert noch Jahrzehnte später ein Leerraum an seine Verdienste.

Notizen/Geburtstage

21. August

Ganz aus Holz

Sein Heim aus Holz zu errichten ist in waldreichen Gebieten heute noch gang und gäbe. Eine der ältesten Techniken dafür ist die Blockbauweise, nach der man Häuser aus massiven Stämmen zusammenfügt. Doch nicht nur Wände und Dachstuhl, auch Fußböden, Außenverkleidungen, Dachabdeckung, Treppen, Türen, Geländer und alle anderen Details beim Hausbau können aus dem Rohstoff Holz bestehen, Fensterglas einmal ausgenommen. Holzhäuser gelten als besonders heimelig, in ihnen wohnt man gesund. Ein Haus ganz aus Holz zu errichten ist der Traum vieler Menschen, am liebsten gar in Eigenarbeit. Es gibt viele Kurse, in denen man das alte Handwerk erlernen kann, auch als Urlaubsevent.

Notizen/Geburtstage

»Tree House«, Kanada

22. August

Ganz schön stabil

Krafteinwirkungen, etwa durch Wind oder am Hang, versuchen Bäume stets auszugleichen. Wo eine Überbelastung auftritt, wirken sie mit Wachstum entgegen, bilden Wülste, Rippen oder zusätzliche Wurzeln. Ermüdungsbrüche der Stämme und Äste treten damit selten auf. Diese Eigenschaften studieren so manche Mathematiker, Physiker und Maschinenbauer, um angewandte Mechanik zu verbessern. Autos, Hüftgelenksprothesen, Zahnimplantate und viele andere technische Gegenstände wurden dank der Vorbilder der Bäume schon optimiert.

»Erfindungen« der belebten Natur entschlüsseln und sie für technische Zwecke nutzen, damit beschäftigt sich die noch relativ junge Wissenschaft der Bionik (Kunstwort aus Biologie und Technik).

Notizen/Geburtstage

Douglasie (*Pseudotsuga menziesii*)

23. August

Rindenringeln

Geschützt unter einer mehr oder minder dicken äußeren Schicht vollzieht sich in Baumstämmen und Ästen das Wachstum. Eine hauchdünne Schicht aus teilungsfähigen Zellen – vergleichbar einer Folie, die dem Holzkörper aufliegt – gibt vereinfacht ausgedrückt nach innen neue Holzzellen und nach außen Rindenzellen ab. Der Stamm oder Ast nimmt allmählich an Umfang zu, dann wird die schützende Außenhülle zu klein und zerreißt. Bisweilen schält sie sich in Ringeln ab, wie hier beim Zimt-Ahorn *(Acer griseum)*.

Notizen/Geburtstage

24. August

Baum der Emotionen

Zu diesem Baum pflegt die Familie, die den Garten bewohnt, ganz besondere Bande. Die Besitzerin erzählt folgende Geschichte:
»Also mit dem Baum hat es Folgendes auf sich: Im Oktober 1981 ging ich durch den Berliner Park Hasenheide – auf dem Heimweg von meinem Gynäkologen, stolz mit Mutterpass in der Tasche – und weil ich immer und überall etwas aufsammle, steckte ich mir eine Eichel in die Tasche. Beim Handschmeicheln mit der Eichel wusste ich: die ist für dich, mein Kind. Ein großer starker Baum, der dich durchs Leben begleiten soll. Also kam die Eichel zu Hause in den Blumentopf und keimte im nächsten Frühling, als unsere Sarah geboren wurde. Der Baum wuchs – wie das Kind – und zog bald mit uns nach Westdeutschland, wurde in den ersten Garten gepflanzt und wieder ausgegraben und so weiter, bis er endlich nach sechs Jahren in unserem Garten namens Paradies seinen Platz bekam. Er ähnelt unserer Tochter sehr: immer präsent, nicht zu übersehen. Wir sind so froh ihn zu haben und doch macht er uns viel Arbeit.«

Notizen/Geburtstage

25. August

Aller Ehren wert

Rank und schlank, ordentlich in einer Reihe, grüne Pompons in die Höhe gereckt – stehen die jungen Eichen *(Quercus)* entlang der Straße Spalier und warten auf den Spaziergänger, der die Reihe abschreitet.

Notizen/Geburtstage

26. August

Atmen mit dem Wurzelknie

Wachsen Sumpf-Zypressen *(Taxodium distichum)* in seichtem Wasser, bilden sie spezielle Organe aus, um die Wurzeln im ständig überfluteten Boden mit Luft zu versorgen. Atemknie, fachsprachlich Pneumatophoren, mit sehr lockerem, schwammigem Gewebe erheben sich wie Termitenhügel aus dem Wasser, durch sie kann Luft bis in die Tiefe zirkulieren.

Notizen/Geburtstage

Sumpf-Zypressen in den Everglades, Florida, USA

27. August

Majestät Zeder

Nobles Graugrün und erhabener Wuchs erheben Zedern zu wahrhaft königlichen Baumgestalten, hinter denen sich selbst prunkvolle Schlösser bescheiden ducken. Mit ihrer ausladenden Krone, die sich erst im Alter richtig entwickelt, verlangt sie vom Betrachter ehrfürchtiges Staunen. Schon deshalb sind diese ursprünglich in Nordafrika heimischen Nadelgehölze sehr beliebte Parkbäume geworden.

Notizen/Geburtstage

Atlas-Zeder *(Cedrus atlantica)*

28. August

Auf schlankem Stamm

Im antiken Rom zog man Lorbeer als kleine Bäume mit kugeliger Krone, um ohne Bücken bequem die würzigen Blätter ernten zu können. In den Gärten des Barock waren Rosen, Buchs und andere Gehölze auf Stamm Inbegriff für Schönheit und Repräsentation. Heutzutage gelten Hochstämmchen als exklusive Gartendekoration. Nicht selten zieht man empfindliche Arten wie Zitrusgewächse auf diese Weise, dann am besten in Kübeln, mit denen sie im Winter ins schützende Haus zu holen sind.

Notizen/Geburtstage

29. August

Bäume als Wirtschaftsgut

In allen Regionen der Erde sind Bäume ein bedeutsamer Wirtschaftsfaktor. Sie zu schlagen, zu transportieren und zu verarbeiten beschäftigt ganze Industrien. Noch immer ist die Holzproduktion weit höher als die von Beton, Stahl und Aluminium – pro Jahr werden weltweit über 3 Milliarden Kubikmeter Holz eingeschlagen.

Mit den ersten Bäumen, die gefällt werden, beginnt die Kultur. Mit den letzten Bäumen, die gefällt werden, endet sie.

Verfasser unbekannt

Notizen/Geburtstage

30. August

Musterhaft

Gartengestaltung nach formalen Vorgaben: In allen Dimensionen ist der Garten strikt nach geometrischen Mustern gefügt. Wo sich die Wegachsen kreuzen, betont eine Steinsäule mit Amphore das Zentrum. Ornamente aus Schnitthecken wiederholen sich rhythmisch. Indem die klare Gliederung und strenge Formensprache sich auch in den tiefen Raum erstreckt – kugelkronige Bäume in Reihen – wird aus dem rein geometrischen Garten ein architektonischer.

Notizen/Geburtstage

In den Gärten von Ineke Greve

31. August

Baum der Genügsamkeit

Einer der berühmtesten Kiefernwälder Europas ist der Nürnberger Reichswald. Hier, auf vorwiegend sandigen Böden und bei niederschlagsarmem Klima, konnte sich die Waldkiefer oder Föhre *(Pinus sylvestris)* dank ihrer Genügsamkeit seit jeher gut behaupten. Die grüne Lunge des fränkischen Ballungsraums nennt man im Dialekt auch »Steckerlaswald«. Die Kiefern tragen ihre lichten Kronen auf langen, astlosen Stämmen, die aus der Ferne wie eine Ansammlung von Stöcken wirken. Im Jahr 2007 wurde die Waldkiefer zum Baum des Jahres erklärt, um auf ihre ökologische Bedeutung hinzuweisen. Angesichts des Klimawandels wird die Kiefer als Sonnenanbeterin und Durstkünstlerin in Zukunft wohl eine wesentliche Rolle in unseren Wäldern übernehmen.

Notizen/Geburtstage

1. September

Begleiter des Menschen

Ölbäume *(Olea europaea)* gehören zu den ältesten Kulturpflanzen der Menschheit. Seit über 6000 Jahren zieht man sie, um ihre Früchte zu ernten und daraus Öl zu gewinnen. Von Kreta und Syrien aus wurden die kultivierten Olivenbäume wohl an andere Völker im Nahen Osten weitergegeben, verbreiteten sich im gesamten Mittelmeerraum und schließlich auch in andere Erdteile.

Zwei Flüssigkeiten sind es, die dem menschlichen Körper angenehm sind, innerlich der Wein und äußerlich das Olivenöl, die beide von Bäumen stammen, aber das Öl ist das Notwendigere.

Plinius der Ältere (um 23–79)

Notizen/Geburtstage

_____

_____

_____

_____

_____

2. September

Beduftet

Auf den Früchten der Pflaumen- und Zwetschgenbäume *(Prunus domestica)* liegt ein feiner Hauch, eine dünne Wachsschicht. Sie schützt das süße Obst vor allzu rascher Austrocknung. Je nach Sorte ist diese wasserundurchlässige Hülle mehr oder weniger kräftig, lässt die Fruchtfarbe mal blass, mal kräftig durchscheinen. Der Obstbauer spricht von Beduftung.

Notizen/Geburtstage

_____

_____

_____

_____

_____

3. September

Das Gebet des Waldes

Mensch! Ich bin
die Wärme deines Heimes
in kalten Winternächten,
der schirmende Schatten,
wenn des Sommers Sonne brennt.
Ich bin der Dachstuhl deines Hauses
das Brett deines Tisches.
Ich bin das Bett, in dem du schläfst.
Ich bin das Holz,
aus dem du deine Schiffe baust.
Ich bin der Stiel deiner Haue,
die Türe deiner Hütte.
Ich bin das Holz deiner Wiege
und deines Sarges.
Ich bin das Brot der Güte,
die Blume der Schönheit.
Erhöre mein Gebet:
Zerstöre mich nicht!

Verfasser unbekannt

Notizen/Geburtstage

_____

_____

_____

_____

_____

4. September

Wohnen mit Bäumen

Mitten unter Bäumen, ganz aus Bäumen gefügt: Ein Holzhaus bietet hohen Wohnkomfort. Aus nachwachsenden Rohstoffen errichtet, vermittelt ein Holzhaus besondere Behaglichkeit. Das Raumklima ist sehr angenehm. Die Luftfeuchtigkeit schwankt kaum, weil der saugfähige Baustoff die Extreme abpuffert. Mit geringer Heizenergie werden die Decken, Wände und Innenraum gleichmäßig warm.

Notizen/Geburtstage

_____

_____

_____

_____

5. September

Holz – ein ganz besonderer Stoff

Zu Größe und Langlebigkeit gelangen Bäume nur dank eines besonderen Stoffs: Holz. Chemisch betrachtet ist es ein Gemisch aus Zellulose, Lignin und einigen weiteren Zutaten. Doch Holz ist viel mehr, ein universeller Roh- und Werkstoff. Es dient zur Energiegewinnung, als Baustoff, als Material für Alltags- und Luxusgegenstände. Holz begleitet den Menschen durch sein Leben, von der Wiege bis ins Grab. Auch dieses Buch, das über Bäume handelt, wäre ohne sie und ihr Holz gar nicht denkbar. Denn Holz ist auch Grundstoff für Papier.

Notizen/Geburtstage

6. September

Ur-Wald

Das 630 Hektar große Laubwaldgebiet Hasbruch bei Hude zwischen Delmenhorst und Oldenburg ist eines der bedeutendsten historischen, weil nie gerodeten oder entwässerten Waldgebiete Europas. Ursprünglich einmal als Waldweide genutzt, wird der Kernbereich des Eichen-Mischwalds seit 1889 nicht mehr bewirtschaftet und bleibt völlig sich selbst überlassen. Hier stehen die ältesten Stiel-Eichen *(Quercus robur)* und Hainbuchen *(Carpinus betulus)* Niedersachsens, vielleicht sogar ganz Deutschlands.

Notizen/Geburtstage

7. September

Und aus den Wäldern steiget ...

… der weiße Nebel wunderbar, könnte man beim Anblick des Fotos das *Abendlied* von Matthias Claudius (1740–1815) abwandeln. In Form von Wasserdampf geben Bäume einen Teil der Niederschläge unmittelbar an die Atmosphäre zurück, ohne dass er überhaupt bis auf den Boden gelangt. Bis zu einem Drittel der Regentropfen bleiben an Nadeln und Blättern haften und verdunsten von dort sofort wieder, sobald sich die Wolken verziehen. Der Wasserdampf steigt auf, bisweilen sichtbar als dichter Nebel, kondensiert zu Wolken, wird vom Wind verfrachtet und fällt an anderer Stelle erneut auf die Erde.

Notizen/Geburtstage

Wald am Gold River auf Vancouver Island, Kanada

8. September

Wappentier auf stolzem Baum

Ein mächtiger Riesen-Lebensbaum *(Thuja plicata)* dient einem Weißkopfseeadler als Ansitz. Die großen Raubvögel nutzen die bis zu 60 Meter hohen Nadelbäume aber auch zum Bau ihrer Horste. Dafür müssen die Äste sehr stabil sein, denn ein Adlerhorst kann bis zu 450 Kilogramm wiegen.

Notizen/Geburtstage

9. September

Von Äpfeln und Birnen

Männlich und weiblich, sowohl Apfel wie auch Birne symbolisieren beiderlei Geschlecht. Der Apfel gilt als Symbol der Verführung und Fruchtbarkeit, ist Aphrodite, Demeter und Freya geweiht, aber ebenso Attribut königlicher Macht. Bei der Birne versinnbildlicht allein ihre Form das Frauliche, doch ebenso ist sie die Frucht des nordischen Gottkönigs Odin und laut Theodor Fontane (1819–1898) Lebensbegleiter des Herrn von Ribbek auf Ribbek im Havelland.

Notizen/Geburtstage

10. September

Grenzbäume

Steht mitten in der Flur ein auffälliger alter Baum, ist er mit einiger Wahrscheinlichkeit einst gepflanzt worden, um einen Grenzpunkt zu markieren. Statt eines Grenzsteins (der sich zudem leicht versetzen ließ) kam ein Baumsämling in den Boden. Solche Bäume zu fällen, war bei hoher Strafe verboten. Heute dürfen sie nach geltendem Recht nur dann entfernt werden, wenn sie durch ein zweckmäßiges Grenzzeichen ersetzt werden können.

Notizen/Geburtstage

11. September

Baumgalerien

Bäche und Flüsse werden natürlicherweise von schmalen Streifen aus Bäumen und Sträuchern gesäumt. Schnellwüchsige Arten mit elastischen Stämmen und Zweigen, die weitstreifende Wurzelsysteme bilden und mit jedem Ast auch wieder Wurzeln schlagen können, bilden eine Lebensgemeinschaft, die sich mit dem Wasser gut arrangiert hat. Hoher Wasserstand im Boden, wiederkehrende Überflutungen nehmen diese Bäume in Kauf, profitieren dafür aber von den reichlich angeschwemmten Nährstoffen. Diese Auwälder beherbergen außerordentlich viele Pflanzenarten und bieten unzähligen Tieren einen Lebensraum. Nur leider sind die Auwälder durch Begradigung der Fließgewässer, deren Eindeichung und Nutzung des fruchtbaren Untergrunds für Ackerbau stark zurückgedrängt worden.

Notizen/Geburtstage

12. September

Fürstliches Geleit

Mehr als 200 Jahre alt sind viele der Linden *(Tilia)*, die sich beiderseits einer kleinen Straße aufreihen. Gepflanzt wurden sie auf Veranlassung von Kurfürst und Erzbischof Clemens Wenzeslaus von Sachsen (1739–1812), der gern im Schloss zu Marktoberdorf im Ostallgäu weilte. Die Allee erstreckt sich über 2 Kilometer und verbindet die Täler der Wertach und der Geltnach.
Es ist ein unvergleichliches Erlebnis, unter den mächtigen Baumkronen zu spazieren – zu jeder Jahreszeit.

Notizen/Geburtstage

13. September

Stark wie eine Eiche

Eichen gelten als besonders kräftige, ausdauernde Bäume und seit alters her als Sinnbilder der Standhaftigkeit und Treue. Nicht umsonst ehrt man verdiente Soldaten mit Eichenlaub, krönt man Helden mit Eichenkränzen. Man sagt aber auch, dass Eichen gutmütige Riesen sind, die uns ihre Früchte zuwerfen, ihre Hemden, Stiefel und Hüte geben und sogar ihre Herzen überlassen.

Notizen/Geburtstage

14. September

In seligem Gedenken

Als Friederike Elisabeth Amalie von Oldenburg 1785 im zarten Alter von 20 Jahren starb und ihrem Gatten Herzog Peter I. von Oldenburg (1755–1829) zwei Kinder hinterließ, hatte diese Eiche im Hasbruch bereits mehr als 500 Jahre auf ihrem Buckel. In dem bis heute urwaldähnlich gebliebenen Eichen-Hainbuchen-Wald standen viele (und stehen noch immer einige) bemerkenswert alte Eichen, von denen der Herzog viele mit Namen beehrte, darunter auch die Friederiken-Eiche. Sie gilt mit geschätzten 1250 Jahren als die älteste Eiche Niedersachsens.

Notizen/Geburtstage

Friederiken-Eiche, eine Stieleiche *(Quercus robur)* im Naturschutzgebiet Hasbruch, Landkreis Oldenburg

15. September

Pioniere

Wo immer sich eine Gelegenheit findet, wird es nicht lange dauern, bis dort Bäume siedeln. Die Samen reisten als blinde Passagiere im Magen von Vögeln, fielen mitsamt einem Häufchen Dünger auf den Baumpfahl und fingen an zu wachsen.

Notizen/Geburtstage

Ebereschen *(Sorbus aucuparia)*

16. September

Lebendiges Totholz

Es klingt paradox, doch abgestorbene Bäume sind voller Leben. Unzählige Pilze, Käfer und andere Kleinlebewesen finden darin Heimstatt und Nahrung. Sie zersetzen die Blätter, die Zweige, die Rinde, das Holz und schließlich auch die Wurzeln allmählich wieder in ihre Bestandteile – Nährstoffe für kommende Baumgenerationen.

Notizen/Geburtstage

17. September

Arm und reich

Ob arm, ob reich: Bäume sind für alle gleich! Entlang von Straßen, an Auffahrten, im Hinterhof oder Garten, Bäume kümmern sich nicht um gesellschaftlichen Rang, sondern beziehen überall Stellung: Hier in der Arbutus Road (Erdbeerbaumstraße) im Villenviertel der Oak Bay (Eichenbucht) in Kanada.

Notizen/Geburtstage

_____

_____

_____

_____

18. September

Sinnbild des Lebens

So individuell wie jeder Mensch ist, so einzigartig gibt sich jeder Baum. Mensch wie Baum sind aber dennoch keine Einzelwesen, sondern stets Teil einer Gemeinschaft, Teil ihrer Umgebung, Teil der Welt. Nach dem Verständnis des Zen-Buddhismus sind Bäume Symbole für das Leben, für das menschliche Dasein. In einer Gartenszenerie nach fernöstlicher Tradition sind Bäume unverzichtbar, oft nach Bonsai-Kunst gezogen.

Notizen/Geburtstage

19. September

Hymne an den Wald

O Täler weit, o Höhen,
O schöner, grüner Wald,
Du meiner Lust und Wehen
Andächt'ger Aufenthalt!
Da draußen, stets betrogen,
Saust die geschäft'ge Welt,
Schlag noch einmal die Bogen
Um mich, du grünes Zelt!

Erste Strophe aus dem Gedicht Abschied
von Joseph Freiherr von Eichendorff (1788–1857)

Notizen/Geburtstage

_____

_____

_____

_____

_____

20. September

Reise durch den Wald

Nicht zuletzt um den Waldreichtum für die Industrie zu erschließen, wurde bereits vor mehr als 100 Jahren eine Eisenbahnlinie durch die riesigen Wälder Kanadas gebaut. Es entstand schließlich eine transkontinentale Schienenstrecke vom Atlantik zum Pazifik, mehr als 4500 Kilometer lang. Fährt man im luxuriösen Zug von Toronto nach Vancouver, ziehen in den letzten beiden Dritteln der dreitägigen Reise fast nur noch Bäume an den Fenstern vorbei.

Notizen/Geburtstage

21. September

Nadeln statt Blätter

Wer als Baum sein Grün das ganze Jahr über behalten will, muss besondere Vorsorge treffen. Frost und Wassermangel gefährden das Blattwerk, also bilden viele immergrüne Gehölze statt flächiger Laubblätter derbe, kleine Nadeln aus. Diese sind von einer dicken, wasserundurchlässigen Wachsschicht umhüllt und bieten Schnee, Eis und Wind wenig Angriffsfläche. Trotzdem enthalten sie in etwa dieselbe Menge an aktivem grünem Gewebe.

Notizen/Geburtstage

22. September

Nachgedacht

In den Wäldern sind Dinge,
über die nachzudenken,
man jahrelang im Moos liegen könnte.

Franz Kafka (1883–1924)

Notizen/Geburtstage

_____

_____

_____

_____

_____

23. September

Stolz einer Nation

Mehr als zehn verschiedene Ahornarten *(Acer)* sind auf dem nordamerikanischen Kontinent heimisch. Seit jeher wurden die Bäume auch genutzt, ob zur Sirupgewinnung oder für den Möbelbau. Als eine Nation, die sich zu einem Großteil auf ihre Waldwirtschaft stützt, hat Kanada den Ahorn zum Nationalemblem gewählt. Ein Ahornblatt ziert nicht nur die kanadische Flagge, sondern auch Münzen. Im königlichen Wappen finden sich gleich drei davon.

Notizen/Geburtstage

Zuckerahorn *(Acer saccharum)*

24. September

Bioindikatoren

Flechten, das sind Lebensgemeinschaften aus Pilzen und Algen, gelten als Zeigerorganismen für Umweltbedingungen. Wachsen an Bäumen solche Bärte herab, kann man daraus auf Anhieb schließen, dass ein sehr feuchtes Klima herrscht. Flechten an Baumstämmen wachsen bevorzugt an der westlichen oder nördlichen Stammseite, wo die höchste Luftfeuchtigkeit herrscht. Wer dies weiß, hat damit eine Art Kompass zur Verfügung. Indem Flechten überaus empfindlich auf Schadstoffe reagieren, beobachtet man sie auch zur Beurteilung der Luftqualität.

Notizen/Geburtstage

_____

_____

_____

_____

_____

25. September

Laub- oder Nadelblatt?

Am Anfang war das Nadelblatt, klein, kompakt und überaus robust, aber auch nur bis zu einem gewissen Grad leistungsfähig. Nadelbäume gibt es seit rund 285 Millionen Jahren. Im Laufe der Geschichte entwickelten sich dann Laubblätter, erstmal tauchen sie vor etwa 140 Millionen Jahren auf. Großflächig wie sie gebaut sind, können sie Sonnenlicht wesentlich effektiver nutzen. Aber Laubblätter verdunsten ungleich mehr Wasser als Nadeln, sind frostempfindlich und werden daher jährlich abgeworfen. Nadelbäume wachsen bevorzugt in Gebieten mit kurzen Sommern, in den kalten nördlichen und südlichen Zonen der Erde sowie in Höhenlagen. Laubbäume dagegen behaupten sich dort, wo die Sommer lang und die Temperaturen höher sind.

Notizen/Geburtstage

Ahornbäume *(Acer)* im MacMillan Provincial Park, Vancouver Island, Kanada

26. September

Der Baum, aus dem die Bögen waren

Robin Hood, der legendäre Held der englischen Wälder, trug sicher einen Bogen aus Eibenholz mit sich. Bögen, Speere und Armbrüste aus dem besonders zähen und elastischen Eibenholz waren die wichtigsten Jagd- und Kriegswaffen der Frühzeit und des Mittelalters, berüchtigt die Langbögen englischer Schützen. Doch das harte, fäulnisresistente Holz der Nadelbäume wurde natürlich auch für viele andere Zwecke verwendet, etwa für allerlei Alltagsgerät, Peitschen oder Wanderstöcke. Mit Eisensalzen schwarz gebeizt diente Eibenholz als »Deutsches Ebenholz« zur Herstellung edler Möbel und Intarsien. Ein Grund für die besonderen Eigenschaften von Eibenholz liegt im langsamen Wachstum der Bäume. Eiben vertragen den meisten Schatten aller heimischen Baumarten, der eingeschränkte Lichtgenuss bedingt ein sehr bedächtiges, aber beständiges Wachsen. Eiben können durchaus über 1000 Jahre alt werden.

Notizen/Geburtstage

Europäische Eibe *(Taxus baccata)* im Hortus Botanicus Leiden, Niederlande

27. September

Der Duft steckt in der Tiefe

Unter diesen derben Rindenplatten verbirgt sich ein gelbes, widerstandsfähiges, fein gemasertes Holz, das einen intensiven, angenehm harzigen Duft verströmt. Der Wohlgeruch entweicht aus Harzkanälen, welche die Holzfasern durchziehen und erfüllt sind mit einem klebrigen, zähen Gemisch verschiedener Stoffe, darunter viele flüchtige Komponenten wie ätherische Öle. Diesen Effekt schätzt man neben der guten Holzqualität der Alaska-Zeder heute vor allem bei Möbeln und Bodenbelägen.

Notizen/Geburtstage

Alaska-Zeder oder Nutka-Scheinzypresse *(Chamaecyparis nootkatensis)*

28. September

Kuchenduft erfüllt die Luft

Die Blätter des Japanischen Katsurabaums *(Cercidiphyllum japonicum)* verfärben sich im Herbst zuerst bronze- bis lachsrosa, später dann goldgelb. Wenn sie abfallen, verströmen sie einen intensiven Duft nach frisch gebackenem Kuchen. Steigt Ihnen also beim Spaziergang ein deutliches Aroma von Lebkuchen oder Zuckerwatte in die Nase, sollten Sie nicht unbedingt eine Bäckerei oder einen Marktstand erwarten – es könnte ganz einfach nur ein gewisser Baum in der Nähe stehen: ein Katsura- oder Kuchenbaum.

Notizen/Geburtstage

29. September

Hinter Gittern

Manche Bäume muss man einsperren. Nicht weil sie sonst davonlaufen würden, sondern um sie vor Diebstahl zu schützen. Wollemi-Kiefern *(Wollemia nobilis)* gehören zu den seltensten Bäumen der Welt, gleichzeitig auch zu den ältesten und zu den teuersten. Wollemi-Kiefern wuchsen bereits vor 90 Millionen Jahren auf unserer Erde und galten als ausgestorben, bis sie 1994 in einem abgelegenen Tal nahe der australischen Großstadt Sydney entdeckt wurden. Derzeit kennt man nur rund 100 Bäume in freier Natur. Für nicht einmal 300 Bäume aus Nachzucht wurden 2005 etwa 660 000 Euro erlöst. Viele stehen in botanischen Gärten, wo jeder die urzeitlichen Gewächse bewundern kann – durch massive Gitterzäune. Inzwischen werden Wollemi-Kiefern auch zum Verkauf angeboten, ein Teil des Erlöses dient dem Erhalt der natürlichen Population.

Notizen/Geburtstage

30. September

Baum des Himmels

Keine andere Pflanze prägt unsere Vorstellung von den Tropen so stark wie die Kokospalme *(Cocos nucifera)*. Die riesigen Früchte verbreiteten sich schwimmend an alle Küsten rund um den Äquator, schlugen an den Stränden Wurzeln und wuchsen zu schlanken Schopfbäumen. Kokospalmen gehören zu den wichtigsten Nutzpflanzen der Menschheit, seit über 3000 Jahren werden sie angebaut. Nahezu alles von ihnen lässt sich verwerten, Früchte liefern Nahrung und Getränk, deren Schalen Brennstoff, Stämme Bauholz, Wedel Material zum Dachdecken, Fasern Grundstoff für Matten, Körbe, Seile und vieles mehr.

Notizen/Geburtstage

1. Oktober

Warum färben sich die Blätter der Bäume im Herbst?

Bevor die Blätter abgeworfen werden, ziehen die Bäume alle wertvollen Stoffe aus dem Laub in Äste, Stämme und Wurzeln zurück – vor allem das Chlorophyll, den grünen Blattfarbstoff, mit dessen Hilfe sie Sonnenlicht in biochemische Energie umwandeln. Jetzt kommen andere Farbstoffe zum Vorschein, die den Sommer über vom Chlorophyll überdeckt waren: gelbe, rote, braune – je nach Baumart verschieden.

Notizen/Geburtstage

2. Oktober

Baumstraßen – Straßenbäume

In allen Erdteilen schätzen die Menschen Bäume als Begleiter von Straßen. Ob Prachtavenue oder Siedlungsweg, ob Großstadtmagistrale oder Dorfsträßchen, Bäume gehören einfach dazu. Und gibt es eine Stadt, in der keine Straße einen Baumnamen trägt?

In unzähligen Ortschaften findet sich ein Eichenweg, eine Eichenstraße oder gar eine Eichenallee, zumindest als Straßenname. Nicht selten sind die Straßen ganzer Viertel nach Bäumen benannt. Es kommt jedoch nicht oft vor, dass die entsprechenden Bäume auch wirklich dort wachsen. Paradoxerweise findet man in der Eichenstraße dann schon einmal Ebereschen oder im Ahornweg Robinien.

Nicht so in Oak Bay auf Vancouver Island. Der Ort trägt den Baum stolz in seinem Namen, das gesamte Stadtbild ist geprägt von stattlichen Oregon-Eichen *(Quercus garryana)*. Die Eichen, heimisch entlang der Pazifikküste von Kalifornien bis nach British Columbia, säumen hier zahlreiche Straßen.

Notizen/Geburtstage

3. Oktober

Hotel Mama

Oftmals gehen Samen nicht in die weite Welt hinaus, sondern bleiben als Nesthocker daheim. Der Mutterbaum bietet alles, was so ein Sämling braucht: eine Rindenritze als Wurzelraum, verrottendes Holz als Substrat und Nährstoffdepot, einen Stamm als Wind- und Wetterschutz. Hier hat sich eine Rotfichte *(Picea abies)* eingenistet.

Notizen/Geburtstage

_____

_____

_____

_____

_____

4. Oktober

Waldige Flächen

Wer je nach Kanada reiste, hat es wahrscheinlich als besonders waldreiches Land erfahren. Doch der Anteil der geschlossenen Waldfläche liegt nur bei 26 Prozent seiner Gesamtfläche. Das ist zwar mehr als im weltweiten Durchschnitt (hier liegt der Waldanteil bei 22 Prozent), doch weniger als in Europa (28 Prozent) oder gar Indonesien, Malaysia oder Japan mit weit über 60 Prozent. Den geringsten Waldanteil haben Länder wie Senegal oder Tansania mit nur 2 bis 3 Prozent.

In Europa liegt Finnland mit über 65 Prozent deutlich vorn, Schlusslicht ist Irland mit 5 Prozent. In Deutschland ist knapp ein Drittel der Fläche von Wald bedeckt, in Österreich fast die Hälfte.

Notizen/Geburtstage

5. Oktober

Herbstpracht

Ahornarten *(Acer)* spielen zweifellos beim alljährlich im Herbst wiederkehrenden Farbenrausch in der Natur eine herausragende Rolle. Ihre Blätter schillern in allen Farben von Gelb über Orange und Rot bis Braun, bevor sie von den Zweigen segeln.

Ahornblätter

Wie beneidenswert
werden Ahornblätter schön,
eh sie untergehn!

Kagami Shikó (1664–1731)

Notizen/Geburtstage

_____

_____

_____

_____

6. Oktober

Unter Schutz

Bäume bringen Leben ins Stadt- und Landschaftsbild, leisten einen nicht unerheblichen Teil zur Lebensqualität der Bürger. Um den Baumbestand entlang von Straßen und auf öffentlichem wie privatem Grund zu erhalten, erlassen viele Kommunen Schutzverordnungen. Dank dieser Baumsatzungen können Einzelbäume, Baumgruppen und auch Alleen nicht mehr ohne Weiteres gefällt werden.

Notizen/Geburtstage

7. Oktober

Flugtannen

Die bemerkenswerten Flugtannen im Nationalpark De Hoge Veluwe (Niederlande) sind gar keine Tannen. Vielmehr handelt es sich um vom Menschen angepflanzte oder spontan angesiedelte Kiefern *(Pinus sylvestris)*, die auf offener Fläche dem stetigen Wind ausgesetzt kaum in die Höhe, sondern mehr in die Breite wachsen. Die Bäume wurzeln in einer einzigartigen Heide- und Flugsandlandschaft. Es ist die größte Wanderdünenzone Europas. Auf dem nährstoffarmen, trockenen Untergrund können sich nur speziell angepasste Pflanzen halten, neben Heidekraut sind dies vor allem Gräser, Flechten und eben Kiefern.

Notizen/Geburtstage

8. Oktober

Very british

Wollen Sie britische Tradition in Reinkultur erleben, müssen Sie nach Kanada fahren, so heißt es hinter vorgehaltener Hand. Dort zelebriert man im Empress Hotel im Herzen von Victoria (Vancouver Island) den Five o'clock Tea wie zu Königin Victorias Glanzzeiten. Elegant, ein bisschen versnobt und ein wenig skurril, wie die Briten nun einmal sind, erscheint auch das Hotel – das seine Gäste an seinem Eingang mit zwei Torwächtern der besonderen Art willkommen heißt: Mähnen-Zypressen.

Notizen/Geburtstage

Hängeform der Nutka-Scheinzypresse oder Alaska-Zeder *(Chamaecyparis nootkatensis* 'Pendula')

9. Oktober

Bierbrauende Bäume

Gehen die Säfte von Bäumen leicht in Gärung, so bezeichnet der Volksmund diese als bierbrauende Arten. Tatsächlich wurden Eichen, Birken, Pappeln oder Linden früher angezapft, der Saft dann vergoren und als eine Art Bier genossen. Mit Malz verkochte man statt Hopfen einst Fichten- oder Tannentriebe, die harzigen Nadelzweige verliehen dem Bier die Würze und verhalfen zu besserer Haltbarkeit.

Notizen/Geburtstage

10. Oktober

Brotbäume

Bäume, die den Menschen ein Auskommen sichern, werden häufig als Brotbäume bezeichnet. Die Gewöhnliche Fichte *(Picea abies)* wie die Waldkiefer *(Pinus sylvestris)* gelten als Deutschlands Brotbäume, da vor allem sie den Waldbauern viel Holzertrag liefern. In Südeuropa trägt den Titel Brotbaum oft die Edelkastanie *(Castanea sativa)*, da ihre Früchte gemahlen und zu Brot verbacken werden. Brot- oder Brotfruchtbaum nennt man die tropische Baumart *Artocarpus altilis*, deren riesige Früchte sehr gehaltvolle Nahrung darstellen.

Notizen/Geburtstage

11. Oktober

Olivgrün – Pflaumenblau – Auberginescharz

Oliven, die Früchte des Ölbaums *(Olea europaea)*, durchlaufen während ihrer Reife eine schillernde Farbpalette. Zu Anfang ist jede Olive grün, typisch olivgrün. Voll ausgereift zeigt sie sich je nach Sorte braun bis violett oder fast schwarz. Die optimale Reife zur Ernte erkennt man auch am markanten Geruch. Auf dem Höhepunkt verströmen Oliven einen intensiven Duft nach frischem Gras.

Notizen/Geburtstage

12. Oktober

Ein Loch im Brett

Werden Baumstämme zersägt, die entstehenden Bretter dann getrocknet, fallen an manchen Stellen Bereiche aus: Astlöcher. Hier drang das Kernholz von Ästen bis tief ins Stamminnere vor. Dessen Holzfasern verliefen nicht parallel zu denen im Stamm, beim Trocknen schwindet dieser Bereich stärker und löste sich deshalb. Da Astlöcher die Qualität der Bretter mindern, versucht man möglichst astfreie Stämme zu ziehen. Die Bäume werden eng gepflanzt, damit sie schnell aufschießen und nur wenige Seitenäste bilden. Später entfernt man bei Nadelbäumen die Äste von geraden Stämmen, bei Laubbäumen gehen die unteren Äste von allein verloren. Bisweilen sind Astlöcher aber auch gefragt, weil sie einem Brett einen besonders rustikalen Ausdruck verleihen.

Notizen/Geburtstage

13. Oktober

Waldmärchen

Hänsel und Gretel ist das wohl bekannteste Märchen, das im Wald spielt. Die beiden Kinder gehen aus der Not heraus ins Ungewisse und treffen dort auf die Hexe, die das Bedrohliche am Wald verkörpert. Brüderchen und Schwesterchen finden, von der Stiefmutter verjagt, im Wald Zuflucht. Unzählige Geschichten ranken sich um Waldfrauen, Holzweiblein oder Baumelfen, die den Menschen mal wohlgesinnt, mal aber auch gänzlich abgeneigt sind.
All diese Märchen zeigen deutlich, wie innig der Mensch mit dem Wald, Inbegriff für Natur, verbunden ist.

Notizen/Geburtstage

14. Oktober

Vielfältig nutzbar

Nahezu alle Teile vom Ahorn lassen sich nutzen: das Holz zum Möbelbau, junge Triebe ähnlich wie Weidenruten zum Flechten, der im Frühling aufsteigende Saft zum Süßen, die nektarreichen Blüten und die Blätter wie Sauerkraut eingestampft und milchsauer vergoren als Nahrung, das Laub zum Einwickeln von Obst und Wurzelgemüse im Lager.

Notizen/Geburtstage

Oregon-Ahorn *(Acer macrophyllum)*

15. Oktober

Malerisch

Nicht wenige Maler von Weltruhm waren dem Sujet Baum zugetan und hinterließen beeindruckende Werke. Nur beispielhaft seien hier einige Künstler genannt, deren Bilder von Bäumen oder vom Wald vielen vor Augen stehen. Albrecht Dürer (1471–1528), bedeutendster Maler der frühen Neuzeit, zeigt mit seinen Federzeichnungen eine völlig neue Art der Naturbeobachtung. Caspar David Friedrich (1774–1840), Meister der Romantik, drückt mit seinen Baumdarstellungen Gefühle aus. Franz Marc (1880–1960), Mitbegründer des Expressionismus, stellt seine Tiere in der natürlichen Umgebung dar, etwa *Rehe im Wald*.

Notizen/Geburtstage

16. Oktober

Anregend für Jung und Alt

Kinder lieben die glänzenden, rotbraunen Samen in den dicken, stachligen Schalen, um daraus lustige Figuren zu basteln. Erwachsene mögen Rosskastanien mit ihrer seidigen Oberfläche eher als Handschmeichler, die so angenehm durch die Finger gleiten. Und mit zunehmendem Alter weiß man vor allem die inneren Werte zu schätzen: Extrakte aus Rosskastanien erfrischen müde Beine, straffen bei regelmäßiger Anwendung erschlaffte Venen und beugen Wasserstauungen vor.
Ein alter Aberglaube besagt, dass niemals unter Rheuma oder Gicht zu leiden habe, wer stets drei Rosskastanien in der Tasche bei sich trägt.

Notizen/Geburtstage

Rosskastanien *(Aesculus hippocastanum)*

17. Oktober

Sprichwörtlich

Wir sind aus edlem Holz geschnitzt, der Apfel fällt nicht weit vom Stamm, Bäume wachsen nicht in den Himmel, beim Kegeln wünscht man gut Holz! Unzählige Sprichworte und Volksweisheiten zeugen von der Verbundenheit zwischen Mensch und Baum. Lassen Sie sich nicht auf die Palme bringen und begeben Sie sich nicht auf den Holzweg. Bleiben Sie stark wie ein Baum, klopfen Sie auf Holz, dann fühlen Sie sich, als ob Sie Bäume ausreißen könnten.

Notizen/Geburtstage

18. Oktober

Rot wie Blut

Rote Farbstoffe, vor allem so genannte Anthocyane, leuchten im Herbst auf, wenn die Bäume ihren wertvollsten Bestandteil aus den Blättern zurückziehen: das Chlorophyll oder Blattgrün. Im Sommer war das Rot vom Grün völlig überdeckt, erst jetzt kommt es zum Vorschein, wird sogar gezielt neu gebildet.
Fachleute sagen, dass die Bäume mithilfe der roten Farbstoffe nicht nur letzte Sonnenstrahlen zur Energieumwandlung nutzen, sondern auch Schädlinge täuschen. Rote Blätter sollen Läusen, Käfern und anderem Getier signalisieren, dass hier keine guten Plätze zur Eiablage sind.

Notizen/Geburtstage

Fächerahorn (*Acer palmatum*)

19. Oktober

Baum der untergehenden Sonne

Im japanischen Garten haben alle Bestandteile starke Symbolkraft. Bäume dienen stets als Blickfang, oft sind sie in Bonsaiform gezogen und werden eigens an exponierter Stelle präsentiert. Ein rotblättriger Ahorn *(Acer)* wird im Westen aufgestellt und verbindet als »Baum des Sonnenuntergangs« den eng begrenzten Garten mit der weiten Natur.

Notizen/Geburtstage

20. Oktober

Buchenschönheit

Ganz verborgen im Wald
kenn' ich ein Plätzchen, da stehet
eine Buche: man sieht schöner im Bilde sie nicht …

Eduard Mörike (1804–1875)

Notizen/Geburtstage

21. Oktober

Selbstheilung

»Walle, walle, manche Strecke …«, wünscht Goethes Zauberlehrling. Diese Worte könnte man auch Bäume sprechen lassen, nur dass sie nicht Wasser ins Bad fließen lassen, sondern Gewebe über Wunden. Wird die Rinde verletzt, liegt das Holz nackt und ist dem Angriff von Witterung, Krankheitskeimen und Holzzerstörern schutzlos ausgesetzt. Deshalb beginnt der Baum schleunigst, reichlich neues Gewebe zu bilden. Wulstig quillt das neue Gewebe über die verletzte Stelle, es überwallt die Wunde.

Notizen/Geburtstage

Stamm einer Libanon-Eiche
(Quercus libani)

22. Oktober

Gestapelte Heizenergie

Holz wächst vor unserer Haustür ständig nach – in den Wäldern der alten Bundesländer in Deutschland rund 3 Kubikmeter pro Sekunde. Das entspricht einem Heizäquivalent von 600 bis 800 Litern Heizöl. Bei der Verbrennung von Holz wird – moderne Heiztechnik vorausgesetzt – die Atmosphäre kaum belastet. Es gelangt nur so viel Kohlendioxid in die Luft, wie die Bäume ihr vorher durch ihr Wachstum entzogen haben.

Holz macht dreimal warm – das erste Mal beim Schlagen, das zweite Mal beim Spalten und Schichten und das dritte Mal im Ofen.

Volksweisheit

Notizen/Geburtstage

23. Oktober

Früchte des Waldes

Auf Äckern und Feldern gedeihen Feldfrüchte, gemeinhin Gemüse und Getreide. Im Wald reifen Waldfrüchte, darunter verstehen wir alles, was an, zwischen und unter Bäumen wächst und für den menschlichen Verzehr – besser Genuss – geeignet ist. Neben Baumfrüchten wie Haselnüssen, Bucheckern, Wildbirnen, Vogelbeeren oder Esskastanien bereichern den Speiseplan Beeren sowie Kräuter und Pilze. Aus den Früchten des Waldes werden Delikatessen des Waldes: Walnussplätzchen, Vogelkirschlikör, Heidelbeerkuchen, Waldmeisterbowle, Bärlauchpesto, Steinpilzragout und viele weitere Leckereien.

Notizen/Geburtstage

_____

_____

_____

_____

24. Oktober

Ein Grashalm sagte ...

Ein Grashalm sagte zu einem Blatt im Herbst: »Du machst solchen Lärm, wenn du fällst! Du störst meine Winterträume.«
Das Blatt antwortete ungehalten: »Du bist von niedriger Herkunft und hast dich nie über deine Niedrigkeit erhoben, griesgrämiges, stummes Ding. Du lebst nicht in den höheren Sphären und hast von Musik keine Ahnung.«
Dann legte sich das Blatt auf die Erde und schlief ein.
Als der Frühling kam, erwachte es wieder – und war ein Grashalm.
Als es Herbst wurde, die Zeit für den Winterschlaf nahte und in den Lüften die Blätter fielen, murmelte es: »O diese Blätter im Herbst!
Sie machen so einen Lärm! Sie stören meine Winterträume.«

Khalil Gibran (1883–1931)

Notizen/Geburtstage

25. Oktober

Der Kreislauf der Natur

Aus einer Knospe gesprossen, sich gereckt und gestreckt und gegrünt, den Baum genährt, sich golden verfärbt, vom Zweig gelöst, zu Boden gesegelt – da liegt es, das Blatt. Seine Farbe vergeht, braun wird es, zerkleinert, als Futter dienen und schließlich verschwinden, aufgelöst in seine Bestandteile. So kehrt es in den Kreislauf der Natur zurück, dem Baum wieder Nahrung spendend, damit neue Blätter wachsen …

Notizen/Geburtstage

Blätter der Rotbuche *(Fagus sylvatica)*

26. Oktober

Berappen

Während wir unter Berappen verstehen, dass etwas eher widerwillig zu bezahlen ist, bezeichnete das Wort früher im Waldbau die Entfernung der Rinde von gefällten Bäumen im Herbst, vor allem bei Buchen. Damit sollte eine langsame und gleichmäßige Trocknung der Stämme erzielt und ein Reißen des Holzes vermieden werden. Mit Bewaldrappen wiederum meinte der Förster, dass runde Stämme noch im Wald auf quadratischen Querschnitt behauen wurden, um sie besser lagern und transportieren zu können.

Notizen/Geburtstage

Stiel-Eiche *(Quercus robur)*

27. Oktober

Mutter des Waldes

Buchenlaub bedeckt in dicken Schichten den Waldboden. Es verrottet zu gutem Laubhumus, reich an Nährstoffen. So ernähren die Buchen andere Waldbäume. Alte Bäume spenden zudem viel Schatten, sodass junge Buchen, die sehr lichtempfindlich sind, unter ihrem Kronendach keinen Sonnenbrand erleiden. Rotbuchen *(Fagus sylvatica)* sorgen sich also wie gute Mütter um den Nachwuchs im Wald.

Notizen/Geburtstage

28. Oktober

Stimme des Waldes

Welche Gedanken kommen Ihnen, welche Gefühle steigen in Ihnen auf, wenn Sie an Wald denken? Erholung, Sauerstoff, Stille, Friedfertigkeit, Kühle? Rauschen, Knistern, Knacken? Oder beschleicht Sie doch eine gewisse Unbehaglichkeit? Obwohl wir es besser wissen, stecken doch Urängste in uns – denn Wald bedeutete einst Gefahr, unmittelbar durch wilde Tiere, Räuber oder geschürt durch dunkle Geschichten von Menschenfressern, Hexen und Zauberern.

Notizen/Geburtstage

_____

_____

_____

_____

29. Oktober

Der Einsame

Das Motiv eines allein stehenden Baums wird in der Kunst vielfach aufgegriffen – in Malerei und Fotografie ebenso wie in Lyrik oder Belletristik. Das Faszinierende an diesem Motiv könnte sein, dass sich Parallelen ziehen lassen …

Notizen/Geburtstage

_____

_____

_____

_____

_____

30. Oktober

Kleine Meditation

Am Ufer sitzen und das Spiegelbild der Landschaft betrachten, während die Sonne ihre Strahlen durch die Wipfel blitzen lässt und Baumschatten sich auf dem Wasser kräuseln – da kommt der Geist zur Ruhe, findet die Seele Halt.

Notizen/Geburtstage

31. Oktober

Abgefallen, aber kein Abfall

Das im Herbst zu Boden segelnde Laub bildet eine dicke, wärmende Schutzschicht für den Boden sowie für ungezählte Lebewesen. Dank der dicken Packung überstehen auch viele Waldpflanzen den Winter unbeschadet. Und bald werden die Blätter von einer Arbeitsgemeinschaft der Zersetzer – Kleintiere, Pilze, Bakterien – zerlegt, die Nährstoffe wieder recycelt sein.

Notizen/Geburtstage

Rotbuche *(Fagus sylvatica)*

1. November

Treue Begleiter

In seinem Gedicht *Im Nebel* spricht Hermann Hesse (1877–1962) davon, wie seltsam es sei, im Nebel zu wandern. Eindrucksvoll beschreibt er die Einsamkeit, die den Menschen im Alter befällt. Wie tröstlich wirken da Bäume. Sie stehen einem treu zur Seite, leiten und begleiten auf dem Weg durch die Nebel des Lebens.

Notizen/Geburtstage

_____

_____

_____

_____

_____

2. November

Ein letztes Aufglühen

Bevor der Winter ins Land zieht, mit eisiger Hand die grünende, blühende Fülle des Sommers dahinrafft, bäumt sich die Natur noch einmal auf. Eines der feurigsten Farbenspiele vollführt die Roteiche *(Quercus rubra)*, die ihr elegant geformtes Laub in ein knalliges Rot taucht. In den letzten warmen Sonnenstrahlen glühen ihre Blätter besonders spektakulär auf.

Notizen/Geburtstage

_____

_____

_____

_____

3. November

Baumland

Würde der Mensch nicht eingreifen, wäre Europa völlig von Wald bedeckt, ausgenommen kleine Bereiche, wo es zu nass ist oder blanker Fels vorherrscht. Die natürliche Vegetation unseres Kontinents besteht aus Wäldern, die je nach Klima und Boden aus anderen Arten zusammengesetzt sind. Da gibt es beispielsweise Flaumeichenwälder in warmen Regionen, Birken-Eichen-Wälder aus extrem nährstoffarmem Untergrund oder Auwälder entlang von Flüssen. Weite Teile Mitteleuropas würden wieder von Buchenwald überzogen, überließe man Wiesen und Äcker sich selbst.

Notizen/Geburtstage

_____

_____

_____

_____

_____

4. November

Warum fallen im Herbst die Blätter von den Bäumen?

Winterliche Kälte würde die flächigen Blätter zerstören, aus gefrorenem Boden können die Bäume kein Wasser aufsaugen und die Tage sind zu kurz, um die Sonnenenergie effektiv zu nutzen, also trennen sich die Bäume von ihren Blättern. Vorher jedoch ziehen sie alle wertvollen Inhaltsstoffe, insbesondere den grünen Blattfarbstoff Chlorophyll aus dem Laub zurück.
Zugleich nutzen die Bäume das Laub zur Müllentsorgung, sie entledigen sich mit den fallenden Blättern aller Schadstoffe, die sich im Lauf des Jahres angesammelt haben.

Notizen/Geburtstage

Blatt einer Roteiche (*Quercus rubra*)

5. November

Hinter den Hecken ...

... fühlt man sich geborgen. Die in Reih und Glied gepflanzten Gehölze sollen alle Widernisse von außen fernhalten, gleichzeitig deutlich einen Besitzanspruch markieren. Das Wort Hecke leitet sich ab von Geheg oder Gehäge, was eine Wehrpflanzung aus verschiedenen Bäumen und Sträuchern umschreibt. Sehr häufig findet man in solchen Gehölzstreifen die Hainbuche *(Carpinus betulus)*, weil sie sich gut in Form schneiden lässt. Das spiegelt sich auch in ihrem alten Namen Hagebuche, wobei hier Hag Einzäunung oder schlicht Hecke bedeutet.

Notizen/Geburtstage

In Oirschot, Niederlande

6. November

Innig verschlungen

Keiner kann ohne den anderen und jeder profitiert vom anderen: Bäume gehen mit Pilzen enge Lebensbeziehungen ein, eine Symbiose. Pilze umspinnen mit ihren weitläufigen Fäden unter der Erde die Baumwurzeln und helfen den Bäumen bei der Wasseraufnahme. Die Bäume wiederum versorgen die Pilze dafür mit Nahrung. Fachsprachlich nennt man diese Lebensgemeinschaft *Mycorrhiza*. Was zwischen Wurzeln und altem Laub über den Boden emporsprießt, sind die Fruchtkörper der Pilze. Sie entlassen Sporen, aus denen wieder neue Pilze wachsen können – potenzielle Lebenspartner von jungen Bäumen.

Notizen/Geburtstage

_____

_____

_____

_____

7. November

Wegeführung

Der Weg zum Gartenhaus führt durch einen Heckentunnel und wellenförmig geschnittene Hecken: Alles aus Hainbuchen *(Carpinus betulus)* geformt. Die plastische Wirkung dieser Hecken geht auch im Winter nicht verloren, weil die Buchen ihr Laub sehr lange behalten – meistens bis die neuen Blätter sprießen.

Notizen/Geburtstage

In den Gärten von Ineke Greve

8. November

Spitzentänzer

Mit Tutu aus immergrünen Nadeln vollführen Tannen auf schlankem Stamm einen Spitzentanz auf exponierter Felsbühne. Ihre Anmut lässt vergessen, welche Meisterleistung sie an diesem Extremstandort vollbringen, gebeutelt von Sturm, gepeitscht von Regen, gepeinigt von Frost, gemartert von Hunger und gebrannt von der Sonne.

Notizen/Geburtstage

Kork- oder Felsengebirgs-Tanne *(Abies lasiocarpa)* bei Lake Louise, Banff National Park, Kanada

9. November

Viele Gesichter

Jede Fichte hat ihr Gesicht, sagen die Förster, und umreißen damit die Vielgestaltigkeit, mit der sich diese Nadelbaumart den Gegebenheiten anpasst. Die Gewöhnliche oder Rotfichte *(Picea abies)* im freien Stand von oben bis unten beastet, die oberen Zweige streben bogenförmig aufwärts, die unteren weisen eher zum Boden, die Seitenzweige hängen kammförmig herab. Drängen sich Fichten eng zusammen, tragen nur die Wipfel Äste. Im Gebirge, wo Schnee schwer lastet, bilden sich nur kurze, tiefhängende Seitentriebe.

Notizen/Geburtstage

_____

_____

_____

_____

_____

10. November

Wald-Dom

In einem Buchenwald fühlt man sich wie in einer gotischen Kirche: schlanke Säulen tragen ein hochgewölbtes Dach, nur wenig Licht fällt seitlich ein, es herrscht Stille und Andächtigkeit.
Rotbuchen *(Fagus sylvatica)* bilden ein derart dichtes, schattendes Laubdach, dass unter ihnen kein Unterholz zu finden ist. Aus einem dichten Teppich alter Blätter ragen nur die schlanken Stämme empor, die sich erst in großer Höhe verzweigen. Es entsteht der Eindruck einer Halle, und so nennt man diesen Waldtyp auch Buchen-Hallenwald.

Notizen/Geburtstage

11. November

Hüllenlos

Jeden Herbst, ohne dass jemand daran Anstoß nähme, vollführen die Bäume einen Striptease. Laubbäume entblättern sich Stück für Stück bis auf die nackten Zweige. Wie beim Tabledance wippen letzte Blätter. Schicklicher verhalten sich immergrüne Laubbäume und Nadelgehölze. Sie entledigen sich ihrer älteren Blattkleider nicht auf einmal, sondern nur ganz allmählich in Etappen – züchtig hinter einem Vorhang jüngerer Blätter.

Notizen/Geburtstage

Blatt eines Hainbuchenblättrigen Ahorns *(Acer carpinifolium)*

12. November

Bäume und das liebe Vieh

Heute sind es Wiesen und Weiden, einst waren es die Bäume, die den Haustieren das Futter lieferten. Indem das Land fast zur Gänze mit Wald bestanden war, stand dem Vieh nichts anderes zur Verfügung als Zweige, Laub und Baumfrüchte wie Bucheckern oder Eicheln. Im Zeitalter von Silomais und Kraftfutter dienen Bäume nur noch als Schattenspender oder in Form einer Hecke als Zaunersatz.

Notizen/Geburtstage

Rotbuche *(Fagus sylvatica)*

13. November

Alles dreht sich um Bäume

Kaum zu glauben: Fallen im Herbst die Blätter von den Bäumen, dreht sich die Erde schneller – behaupten Wissenschaftler. Es liegt an der gewaltigen Masse an Laub, die abgeworfen wird. Liegt alles Laub am Boden, ist es näher am Erdmittelpunkt. Damit verändert sich das Trägheitsmoment unseres Planeten, er rotiert schneller. Weiteren Einfluss hat die Tatsache, dass die nördliche Halbkugel mehr Land und so mehr Baumlaub trägt als die südliche, wo die Ozeane deutlich mehr Fläche einnehmen. Im Frühjahr »bremsen« die austreibenden Blätter die Erde wieder ab.

Notizen/Geburtstage

_____

_____

_____

_____

_____

14. November

Alt, älter, uralt

Palmfarne haben sich bereits im Zeitalter des Perm vor 200 Millionen Jahren entwickelt. Von diesen urzeitlichen Gewächsen haben einige wenige bis heute überlebt. Einer davon ist ein Brotpalmfarn mit dem schönen Namen *Encephalartos altensteinii*. Diese Art wird wegen ihrer Anspruchslosigkeit gern in botanischen Gärten gezogen, und das über Jahrhunderte. Wie dieses rund 300 Jahre alte Exemplar aus dem Hortus Botanicus in Amsterdam gehören sie zu den ältesten Kübelpflanzen der Welt.
Benannt ist dieser Palmfarn nach dem preußischen Staatsmann Karl vom Stein zu Altenstein (1770–1840), auf dessen Wirken die Bildungsform des humanistischen Gymnasiums und das mehrstufige Schulsystem zurückgehen.

Notizen/Geburtstage

15. November

Signalrot

Kontrastreich heben sich die beerenartigen Früchte der Eibe *(Taxus baccata)* vom Grün der Nadelblätter ab. Die Signalfarbe wirkt als Werbung wie als Warnung.
Schaut her, wie lecker – ruft die Eibe Vögeln zu; die können die plakativen Früchten gar nicht übersehen und laben sich weidlich daran. Die Samen passieren den Vogelmagen und werden an entfernten Stellen wieder ausgeschieden. Damit ist die Werbeaktion der Eibe erfolgreich verlaufen. Sie macht ihre Früchte begehrenswert, zieht viel Kundschaft an und sorgt für Weiterverbreitung.
Doch Rot mahnt stets auch: Achtung, Gefahr! Und so zeigt die Eibe uns Menschen deutlich, dass man ihr mit Vorsicht begegnen muss. Denn sie enthält in allen Teilen Giftstoffe. Allein der fleischige rote Mantel, der den hochgiftigen Samen umschließt, ist genießbar.

Notizen/Geburtstage

16. November

Gut erzogen

Bäume durchlaufen in ihrer Jugend eine strenge Schule. In Reih und Glied wird ihnen beigebracht, wie man einen geraden Stamm ausbildet und die Krone ordentlich verzweigt. Nur wer dabei gute Leistungen zeigt, bekommt eine Chance auf Vorzeigestellung – im Park, im Garten, entlang der Straße.

Was als Bäumchen falsch gezogen,
wird als Baum nicht grad gebogen.

Sprichwort

Notizen/Geburtstage

_____

_____

_____

_____

_____

17. November

Auf dicken Eichen wachsen die besten Schinken

Dieses alte Sprichwort stammt aus alter Zeit, in der man die Schweine zur Mast noch in den Wald trieb. Waren dort viele große, üppig fruchtende Eichen *(Quercus)* und Buchen *(Fagus)*, konnten sich die Tiere viel Speck anfuttern. Ihr Fleisch wurde dank der gehaltvollen Waldnahrung, vor allem der Eicheln, auch sehr schmackhaft. Aus diesem Grund treibt man heute wieder Schweine in Eichenwälder, um ihre Schinken dann als edle Delikatessen feilzubieten, etwa auf Korsika, in Portugal oder Spanien.

Notizen/Geburtstage

18. November

Vom Baum zum Buch

Die Germanen ritzten einst ihre geheimen Zeichen, die Runen, in Stäbe aus Buchenästen. Aus diesen Buchenstäben wurden schließlich unsere Buchstaben. Aus Buchenholz geschnitzt waren auch die beweglichen Lettern, bis Johannes Gutenberg (um 1400–1468) den Buchdruck mittels gegossener Lettern entwickelte.
Der Name Buche für die Baumart hat seine Wurzeln im alten germanischen Ausdruck »bhâgos« für essen, denn in alten Zeiten wurden nicht nur die Früchte, sondern vor allem das Laub der Buche zur Ernährung von Mensch und Tier genutzt.

Notizen/Geburtstage

Rotbuchen *(Fagus sylvatica)* und Trauben-Eichen *(Quercus petraea)* in der Rureifel

19. November

Für alle Zeit gezeichnet

Einem alten Märchen zufolge verkaufte einst ein armer Bauer dem Teufel seine Seele. Zur Bedingung machte der Bauer, dass sie der Teufel erst holen darf, wenn die Eiche all ihre Blätter verloren hat. Bald merkte der Gehörnte, dass er mit Bauernschläue überlistet worden war. Eichen verlieren ihre Blätter niemals, bevor nicht schon neue sprießen. Wutentbrannt fuhr der Teufel daraufhin mit seinen Krallen über den Stamm und über das Laub. Seither ist die Rinde der Eichen tief zerfurcht, sind die Blätter gebuchtet.

Notizen/Geburtstage

Stiel-Eiche *(Quercus robur)*

20. November

Bäume säumen Straßen

Beiderseits einer Straße in regelmäßigen Abständen Bäume zu pflanzen, das taten schon die alten Römer. Sie legten Alleen entlang der Heerwege an, damit die Soldaten statt in glühender Hitze im kühlen Schatten marschieren konnten. Die Bäume dienten aber ebenso zur Markierung, denn selbst aus großer Entfernung konnte man die wichtigen Verbindungslinien in der Landschaft schnell ausmachen. Napoleon übernahm diese Idee und ließ viele Pappelalleen anlegen. Pappeln *(Populus)* wachsen schnell und erfüllen so bald den ihnen zugedachten Zweck. Die Pyramiden-Pappel *(Populus nigra* 'Italica') mit ihrer säulenförmigen Krone half ganz besonders gut der Orientierung seiner Truppen. Zudem konnte die Oberfläche der unbefestigten Straßen nach Regen schnell abtrocknen, weil die schlanken Bäume mit ihren lockeren Kronen viel Sonne hindurchlassen.

Notizen/Geburtstage

21. November

Im Herbst

Der schöne Sommer ging von hinnen,
Der Herbst, der reiche, zog ins Land.
Nun weben all die guten Spinnen
So manches feine Festgewand.

Ja, tausend Silberfäden geben
Dem Winde sie zum leichten Spiel,
Die ziehen sanft dahin und schweben
Ans unbewusst bestimmte Ziel.

Wilhelm Busch (1832–1908)

Notizen/Geburtstage

_____

_____

_____

_____

_____

Olivenbäumchen (Olea europaea)

22. November

Nach oben, ins Licht!

Bäume streben, wie alle Pflanzen, dem Sonnenlicht entgegen. Denn die Sonne liefert ihnen ihre Lebensenergie. Im Winter offenbart sich, mit welcher Perfektion sie ihre Kronen organisieren. Was auf den ersten Blick wie ein wirres Durcheinander von Ästen und Zweigen erscheint, ist in Wahrheit nach einem ausgeklügelten System angeordnet. Alle Triebe des Baums werden so ausgerichtet, dass die Blätter optimal ins Licht kommen. Junge Zweige wachsen in die Lücken älterer. Von Ästen, die zu sehr in den Schatten neuer Kronenpartien geraten, entledigt sich der Baum. Bei dicht benachbarten Bäumen herrscht scharfe Konkurrenz, rangeln die Triebe verschiedener Stämme um die beste Position.

Notizen/Geburtstage

23. November

Der falsche Ahorn

Weil die Blätter wie die vom Ahorn *(Acer)* aussehen, bezeichnet man die Gewöhnliche Platane *(Platanus* x *hispanica)* auch als falschen oder welschen Ahorn. Auffällig neben der Blattform ist auch die schöne, bunt-scheckige Rinde der Platanen. Im Winter nach dem Laubfall zieren dann Früchte die kahlen Zweige, die wie kleine Weihnachtskugeln wirken.

Notizen/Geburtstage

24. November

Nationalbaum Hollands

Pappeln *(Populus)* sind in den Niederlanden allgegenwärtig. Aus ihrem leicht zu bearbeitenden, unempfindlichen Holz schnitzt man die berühmten Holzschuhe, Klompen genannt.
Hollands Kinder stellen ihre Klompen nach altem Brauch am Abend des 5. Dezembers vor den Herd oder Kamin, gefüllt mit Heu und Karotten. Nachts kommt Sinterklaas – so heißt der Nikolaus in Holland –, füttert sein Pferd damit und legt Geschenke in die Holzschuhe.

Sinterklaas Kapoentje
Tu was in mein Schuhchen
Tu was in mein Stiefelchen
Dank Ihnen, Sinterklaasje!

Holländisches Volksgut

Notizen/Geburtstage

25. November

Hier darf Wald Wald werden

Der Nationalpark Eifel in Nordrhein-Westfalen bezeichnet sich selbst als »Wald«-Nationalpark. Immerhin wurde das Gebiet vor allem wegen seiner Laubwälder 2004 unter Schutz gestellt. Auf den rund 110 Quadratkilometern sollen sich die ursprünglichen Wälder wieder entwickeln, die einst diese Flächen bedeckten. Durch intensive Nutzung, vor allem Holzkohleherstellung und Umwandlung in Acker- und Weideflächen, waren die Wälder der Eifel vor 150 Jahren fast verschwunden.

Notizen/Geburtstage

Nahe der Abtei Mariawald bei Heimbach, Rureifel

26. November

Biotop Baumkrone

Biotop bedeutet so viel wie »Ort des Lebens«. Es umfasst eine räumliche Einheit, die von bestimmten Faktoren geprägt wird. Jeder Baum stellt so ein Biotop dar, denn in seiner Krone wimmelt es von Leben. Insekten schwirren und krabbeln, Vögel und Säugetiere tummeln sich, Pilze, Moose und Flechten wachsen dort. Die Welt der Baumkronen beherbergt eine erstaunliche Artenvielfalt.

Notizen/Geburtstage

27. November

Der Baum des David Douglas

Im Jahre 1827 führte der schottische Pflanzenjäger und Botaniker David Douglas (1799–1834) einen Nadelbaum in Europa ein, den er auf seinen Expeditionen durch den Wilden Westen Nordamerikas entdeckt hatte. Er trägt seinen Namen: Douglasie.
Dieser Nadelbaum hat hierzulande eine steile Karriere hinter sich. Er avancierte zum häufigsten und wichtigsten Forstbaum aus fremden Landen. Eine Douglasie namens Waltraud vom Mühlenwald mit exakt 63,33 Meter Wuchshöhe (gemessen im August 2008 mittels Lasertechnik) nahe Freiburg (Baden-Württemberg) gilt als höchster Baum Deutschlands.

Notizen/Geburtstage

Douglasie *(Pseudotsuga menziesii)*

28. November

Dornen ganz dekorativ

Ursprünglich in den Ebenen des Mississippi heimisch, hat sich die Amerikanische Gleditschie (*Gleditsia triacanthos*) heute ihren Platz in den Straßen und Parks vieler Städte erobert. Sie gilt als robust und gibt sich mit verdichtetem Boden zufrieden. Stadtklima wie anhaltende Trockenheit machen ihr ebenso wenig aus wie Abgase, selbst Streusalz toleriert sie. Dabei besticht sie durch ihr attraktives Äußeres, mit ihren gefiederten, hellgrünen Blättern an einer locker-luftigen Krone. So elegant ihre Belaubung ist, so »spießig« wirkt der Stamm. Der ist mit ganzen Büscheln aus bis zu 30 Zentimeter langen, verzweigten Dornen bewehrt, außer bei bestimmten Zuchtformen. Diese markante Eigenschaft hat ihr den Namen Falscher Christusdorn eingetragen.

In Nordamerika nennt man die Gleditschie *honey locust*, Honig-Robinie, Ähnlichkeit ist wegen der nahen Verwandtschaft durchaus vorhanden. Ihre unauffälligen, grünlichen Blüten liefern zwar nur wenig Nektar, aber ihre breiten, ledrigen Fruchthülsen, die an überdimensionierte Bohnen erinnern, enthalten ein honigsüß schmeckendes Fruchtfleisch. Daraus gewinnt man bis heute eine Art Bier.

Notizen/Geburtstage

29. November

Schirme im Gebirge

Seit biblischen Zeiten ehrt man Libanon-Zedern *(Cedrus libani)* als Könige der Bäume. Aus ihnen bauten die Phönizier ihre Schiffe, die alten Ägypter ihre Sarkophage, König Salomo seinen Palast. Noch heute ziert eine Silhouette die Flagge des Staates Libanon. Die Bäume mit fast waagrecht ausgebreiteten Ästen wachsen vor allem in den Gebirgen, in Höhenlagen zwischen 1000 und 2000 Metern.

Notizen/Geburtstage

Im Taurusgebirge in der Nähe von Akseki, Provinz Antalya, Türkei

30. November

Baumorakel

In alten Zeiten endete das Jahr mit dem 30. November. Mit diesem Andreastag waren unzählige Bräuche verbunden, insbesondere befragte man Orakel zu Liebesangelegenheiten. Mädchen schüttelten einen Baum und baten ihn um Auskunft, wer denn ihr Liebster werden sollte. Andreasreiser, das sind Zweige von sieben oder neun verschiedenen Baumarten, werden schweigend und unbeobachtet geschnitten. In die Vase gestellt und mit einem farbigen Band versehen stehen sie für je einen Wunsch. Treiben die Zweige bis Weihnachten aus, geht der Wunsch in Erfüllung.

Notizen/Geburtstage

1. Dezember

Winterliches Outfit

Beim Buchsbaum *(Buxus sempervirens)* jedes Jahr um diese Zeit absolut en vogue: Bronzefarbene Laubtönung und weiße Kristalljuwelen. Dem üblichen Grün der ausdauernden Blätter legen Flavonoide ein Make-up auf. Diese Farbstoffe schützen vor greller Sonne und strenger Kälte. Die filigrane Spitzenzier haucht den Blättern Väterchen Frost auf, indem er mit eisigem Atem Luftfeuchtigkeit auf den Oberflächen zu sechsstrahligen Gebilden erstarren lässt.

Notizen/Geburtstage

_____

_____

_____

_____

_____

2. Dezember

Sie sahen Könige kommen und gehen

Diese altehrwürdigen Bäume standen Spalier, als der Erbauer des kubischen Landsitzes erlauchte Gäste wie Kaiser Wilhelm II. oder König Christian VIII. von Dänemark in seinem Landhaus empfing. Das Gebäude wurde Anfang des 19. Jahrhunderts vom Hamburger Senator Martin Johann Jenisch (1793–1857) im klassizistischen Stil errichtet und gilt als eines der Wahrzeichen der Hansestadt. Es beherbergt heute ein Museum für großbürgerliche Wohnkultur und zeigt Ausstellungen zu Kunst, Architektur und Gartenkultur.

Notizen/Geburtstage

_____

_____

_____

_____

3. Dezember

Mittag

Am Waldessaume träumt die Föhre,
Am Himmel weiße Wölkchen nur;
Es ist so still, dass ich sie höre,
Die tiefe Stille der Natur.

Rings Sonnenschein auf Wies' und Wegen,
Die Wipfel stumm, kein Lüftchen wach,
Und doch, es klingt, als ström' ein Regen
Leis tönend auf das Blätterdach.

Theodor Fontane (1819–1898)

Notizen/Geburtstage

4. Dezember

Stamm an Stamm

Auf Sand sollte niemand bauen, sagt ein Sprichwort. Die losen Körnchen ergeben kein festes Fundament, Wind und Wasser tragen sie schnell umher. Auf Bäume darf man sich dagegen verlassen, sind sie doch stark. Nach diesen Prinzipien verfährt man an Küsten, hier festigen Stämme den labilen Grund.

Notizen/Geburtstage

Westerschouwen auf Texel, Niederlande

5. Dezember

Voller Hoffnung

Die Tage sind kurz und dunkel, da sehnt man sich nach Licht und Wärme. Immergrüne Zweige bringen hoffnungsvolles Grün in die Wohnung – geschmückt mit Kerzen erinnern sie daran, dass die helle Jahreszeit wiederkehren wird, und mit ihr Leben und Wachstum.

Notizen/Geburtstage

_____

_____

_____

_____

_____

6. Dezember

Unter dem Mistelzweig …

… wünscht man sich Glück und darf ein Mädchen ungefragt küssen. Den Kuss muss es gewähren, um nicht den Zorn der Liebesgötter auf sich zu ziehen. Jeder Kuss kostet eine Beere. Sind alle geerntet, endet auch das Privileg. Dass dieser Brauch während der Weihnachtszeit aktuell ist, liegt an der Reifezeit der perlenartigen, schimmernden Früchte. Die immergrünen Pflanzen, die huckepack auf hohen Baumästen wachsen, fallen zudem erst in den blattlosen Kronen auf. Und weil nicht überall ein Baum mit Misteln steht, holt man sich die geheimnisumwitterten Misteln kurzerhand in die Wohnung und hängt sie über dem Türrahmen auf.

Notizen/Geburtstage

Laubholzmistel *(Viscum album* ssp. *album)*

7. Dezember

Holz vor der Hütte

Hier wird gleich mehrfach deutlich, welche Bedeutung Bäume für unser tägliches Leben haben. Sie liefern Baustoffe für unsere Häuser und Brennmaterial, um diese zu heizen. Gehölze spenden uns aber auch Nahrung und Heilmittel, so beispielsweise der Schwarze Holunder *(Sambucus nigra)*. Seine Blüten und Früchte sind schmackhafte, vitaminreiche Delikatessen, helfen aber auch bei diversen Krankheiten.

Vor dem Holunder muss man
seinen Hut ziehen
oder sich verbeugen.

Volksmund

Notizen/Geburtstage

_____

_____

_____

_____

8. Dezember

Wenn Falten schön werden

Dem Schönheitsideal vom Menschen läuft es entgegen, doch Bäume zeigen sich nicht unbedingt in ihrer Jugend straff und glatt von ihrer besten Seite, sondern erst im Alter – zerfurcht und voller Runzeln.

Notizen/Geburtstage

Rinde einer Morgenländischen Platane *(Platanus orientalis)*

9. Dezember

Flüssiges Gold …

… wächst auf Bäumen, auf Ölbäumen *(Olea europaea)*. Mehr als 1000 verschiedene Sorten von Olivenbäumen zählt man rund ums Mittelmeer, manche Sorte gibt es nur in einem einzigen Dorf. Da die Oliven je nach Sorte unterschiedlichen Geschmack entwickeln, gleicht keine Frucht der anderen, ist jedes Öl einzigartig. Für die vielfältigen Nuancen im Aroma ist natürlich auch das so genannte Terroir maßgeblich, also das Zusammenspiel von Klima, Topografie, Gesteinsuntergrund, Bodenqualität und weiteren naturgegebenen Faktoren.

Notizen/Geburtstage

Olivenplantage beim Kloster Lluc, Mallorca

10. Dezember

Schwarz wie Ebenholz

Schwarz wie das Haar Schneewittchens erscheinen die mächtigen Birnbäume, wie Scherenschnitte heben sich ihre Silhouetten vor dem Himmel ab. Birnbaumholz hat eine helle, rötlich-braune Tönung. Es lässt sich als eines der wenigen Hölzer tiefschwarz beizen, daher dient es als Ersatz für das kostbare Ebenholz, um beispielsweise Klaviertasten daraus zu fertigen. Weitere Produkte aus Birnbaumholz sind Blockflöten: rund 1000 Festmeter verarbeitet man pro Jahr zu diesen Musikinstrumenten. Wegen seiner warmen Tönung und der teils lebhaften Maserung ist das Holz auch für Möbel und Parkett sehr geschätzt.

Notizen/Geburtstage

Birnbäume (*Pyrus communis*)

11. Dezember

Elfenheim

In hohlen Stämmen hinter den schwarzen Rindenwänden alter Weiden, so sagt man, leben die Elfen. Zu sehen sind sie nur als Schatten, die als silberner Nebel ihre Wohnstätten verschleiern. Sommers spiegeln sich die Elfen im silbrigen Schimmer der schlanken Blätter und lauschen der sanften Melodie des Geästs, wenn der Wind hindurchweht.

Notizen/Geburtstage

Silberweiden *(Salix alba)*

12. Dezember

Vom Regen geprägt

Landeinwärts wehende Seewinde, beladen mit reichlich Feuchtigkeit, treffen an Nordamerikas Westküste unmittelbar auf Gebirgsketten. Die Bergbarrieren von Alaska bis Kalifornien zwingen die Luftmassen zum Aufstieg, dabei regnen diese ihre Wasserlast ab. Die Niederschläge erreichen übers Jahr gemessen weit mehr als 2000 Millimeter, das entspricht 2000 Litern pro Quadratmeter! Die natürliche Vegetation in diesen Regionen sind gemäßigte Regenwälder, die artenreichsten Ökosysteme der gemäßigten Breiten.

Notizen/Geburtstage

13. Dezember

Brotbaum

Eine Gruppe urtümlicher baumförmiger Gewächse nennt sich Brotpalmfarne. Ihr botanischer Name *Encephalartos* kommt aus dem Griechischen und bedeutet so viel wie »Brot auf dem Kopf«. Im Zululand in Südafrika, der Heimat der hier abgebildeten Art *Encephalartos ferox*, vergraben die Eingeborenen die Stämme mehrere Monate, um dann aus dem Mark Brot zu formen und in heißer Asche zu backen. Die langwierige Prozedur ist nötig, damit sich die enthaltenen Giftstoffe abbauen.

Notizen/Geburtstage

Zapfen von *Encephalartos ferox*

14. Dezember

Haiku – Naturbetrachtung nach japanischer Art

Ein Haiku ist eine japanische Gedichtform, die sich mit Naturbeobachtungen befasst. In ihm spiegelt die Natur die Seele, werden Objekte symbolhaft dargestellt. Haikus zu dichten ist ein regelrechter Volkssport in Japan, auch in Europa findet dies immer mehr Liebhaber. Haikus, die stets aus drei Zeilen bestehen, folgen einem Silbenrhythmus von 5, 7, 5. Die Verse müssen sich jedoch nicht reimen. Etwa nach folgendem Muster:

Eisgraue Kälte
quillt aus den Wiesen empor
umhüllt Baum und Strauch.

Notizen/Geburtstage

_____

_____

_____

_____

_____

15. Dezember

Vom Schutz der Bäume

Bäume geben Schutz, das wird im Gebirge im Winter besonders deutlich. Wo Wald auf steilen Hängen wächst, werden Lawinen kaum zur Bedrohung. Der Bergwald bricht den Wind und unterbindet übermäßige Schneeverfrachtung. So wird verhindert, dass sich Schnee an gefährlichen Stellen anhäuft. Außerdem festigen und strukturieren Gehölze die Schneedecke, die sich dann nicht als massives Schneebrett lösen kann. Doch wie so oft – erst der Verlust lehrt den Wert bestimmter Dinge. Wo Bäume fehlen, müssen unter enormem Aufwand künstliche Barrieren errichtet werden, um den »weißen Tod« abzuhalten – oft sind es wiederum Bäume, doch diesmal nicht aufrecht gewachsen, sondern gesägt und quer gelegt.

Notizen/Geburtstage

Lawinenverbauung an der Bühlalpe im Kleinwalsertal, Österreich

16. Dezember

Treffpunkt unter Bäumen

Die Wintersonne am Hafen von Cassis, 20 Kilometer östlich von Marseille, lädt die »Dorfältesten« zum Plausch unter einer alten Platane *(Platanus)* ein. Nicht nur hier in Südfrankreich, sondern überall in der Welt markieren Bäume inmitten von Dörfern und Städten seit alters her Treffpunkte für Jung und Alt.

Notizen/Geburtstage

17. Dezember

Wurzelzwerge

In Höhlen unter Baumstämmen zwischen den Wurzeln leben kleine Wesen. Sie hüten das künftige Wachstum, sorgen für das Wohlergehen ihres Baums. Pssst, erschreckt sie nicht! Nur wer sich völlig lautlos nähert und durch seine Beine schaut, vermag einen Blick auf die Männlein zu erhaschen.
Dem Grimm'schen Märchen *Die drei Männlein im Walde* frei nachempfunden.

Notizen/Geburtstage

_____

_____

_____

_____

_____

18. Dezember

Kopf an Kopf

Von Weiden, bevorzugt von Silberweiden *(Salix alba)* und Korbweiden *(Salix viminalis)* gewinnt man bis heute lange, elastische Ruten für die Flechterei sowie als Baumaterial. Eine besondere Form der wirtschaftlichen Nutzung sind die Kopfweiden. Der Stamm wird etwa in Brusthöhe gekappt. Dank der immensen Regenerationskraft der Weiden sprießen dort zahlreiche neue Triebe, sooft man sie auch als Flechtruten erntet. Mit der Zeit verdickt sich der obere Stammabschnitt, ein Kopf entsteht.

Notizen/Geburtstage

Kopfweiden im Naturgebiet De Mortelen in Brabant, Niederlande

19. Dezember

Geheimnisvoller Anblick

Wer sich ganz in den Anblick des Bildes versenkt, entdeckt eine Welt voll fantastischer Geschichten. Erzählt hier nicht der Baum von den Erlebnissen seines langen Lebens? Erscheinen in der Oberfläche des Holzes nicht Bilder aus seiner Erinnerung?

Holz ist ein einsilbiges Wort,
aber dahinter verbirgt sich
eine Welt der Märchen und Wunder.

Theodor Heuss (1884–1963)

Notizen/Geburtstage

_____

_____

_____

_____

20. Dezember

Erleuchtend

Was haben Bäume mit Mathematik zu tun? Mit der Stochastik, der »Kunst des Mutmaßens« (so der Wortsinn), werden zum Beispiel Wahrscheinlichkeiten für einen Lottogewinn errechnet. Hier helfen so genannte Ereignisbäume, um Ereignisse auf anschauliche Weise grafisch darzustellen. Baumdiagramme nutzt man auch, um Entscheidungsregeln in hierarchischer Ordnung wiederzugeben oder mind maps, Gedankenkarten – etwa beim Brainstorming – zu erstellen. In jedem Fall sollen die baumförmigen, verästelten Strukturen für Erhellung, sprich »Durchblick« sorgen.

Notizen/Geburtstage

21. Dezember

Mehr Laub, mehr Nadel?

Betrachtet man die Anteile der Baumarten an der Waldfläche in Deutschland, übertrumpfen die Nadelbäume mit 63 Prozent eindeutig die Laubbäume mit 37 Prozent. Die Fichte *(Picea abies)* ist nach wie vor die wichtigste Baumart in den Wirtschaftswäldern, im Bundesdurchschnitt stellt sie mehr als 30 Prozent aller Waldbäume. Aber der Prozentsatz schwindet, denn zunehmend baut man die Wälder um. Der Trend geht eindeutig zum Mischwald, in dem Laubgehölze wie Buchen *(Fagus)*, Eichen *(Quercus)*, Ahorn *(Acer)*, Eschen *(Fraxinus)* und andere die Mehrheit übernehmen werden.

Notizen/Geburtstage

22. Dezember

Edigna-Linde in Puch

Neben der Kirche in Puch, nahe Fürstenfeldbruck in Oberbayern gelegen, steht eine uralte Linde mit hohlem Stamm. In ihm fand um 1070 Edigna, Tochter Heinrichs I. von Frankreich, Unterschlupf. Auf der Flucht vor der Ehe, zu der sie gezwungen werden sollte, zog sie in Begleitung eines Hahns mit dem Ochsenkarren davon. Als der Hahn krähte und eine Glocke läutete, ließ sie sich nieder – eben in besagter Linde. Wohl 35 Jahre soll Edigna in dem Baum gelebt und von dort aus Gutes gewirkt haben. Nach ihrem Tod 1109 weihte man die Linde auf ihren Namen.

Die Linde schmiegt sich mit mächtiger Krone dicht an die kleine Kirche. Der Stamm mit rund 9 Metern Umfang bildet tatsächlich eine Höhle. Der Legende nach soll die Linde rund 1200 Jahre alt sein.

Notizen/Geburtstage

Deckengemälde »Die selige Edigna in der Linde« in der Kirche St. Sebastian in Puch/Fürstenfeldbruck

23. Dezember

Fichte oder Tanne?

Im allgemeinen Sprachgebrauch ist fast immer vom Tannenbaum die Rede, wenn es auf Weihnachten hingeht. Doch häufig steht da eine Fichte bei den Händlern. Wie unterscheidet sich eine echte Tanne *(Abies)* von der gewöhnlichen Fichte *(Picea)*? Bei Tannen reihen sich die biegsamen Nadeln spiralig um die Zweige, die Zapfen stehen aufrecht und zerfallen bei der Reife. Unter einer Tanne wird man also niemals einen Tannenzapfen finden. Bei Fichten stehen die steifen Nadeln V-förmig oder gescheitelt. Fichtenzapfen hängen an den Zweigen und fallen als Ganzes ab.

Notizen/Geburtstage

Weißtanne *(Abies alba)*

_____

_____

_____

_____

_____

24. Dezember

Weihnachtsbäume

Nun kommen die vielen Weihnachtsbäume
aus dem Wald in die Stadt herein.
Träumen sie ihre Waldesträume
wieder beim Laternenschein?

Könnten sie sprechen! Die holden Geschichten
von der Waldfrau, die Märchen webt,
was wir uns erst alles erdichten,
sie haben das alles wirklich erlebt.

Aus »Weihnachtsbäume« von Gustav Falke (1853–1916)

Notizen/Geburtstage

_____

_____

_____

_____

25. Dezember

Ruhe nach dem Sturm

Wolken aus Schnee fallen als Vorhang für das Schauspiel, das die Natur hier gerade mit Urgewalt vollführt hat. Aufrecht erwarten die wackeren Komparsen, die Bäume, den Beifall des Zuschauers. Das Licht geht wieder an, die Sonne strahlt auf die Szenerie und geleitet das Publikum von der erregenden Vorstellung in einen ruhigen Tag.

Notizen/Geburtstage

Im Bärgunttal, Kleinwalsertal, Österreich

26. Dezember

O Tannenbaum

Viele Millionen Weihnachtsbäume, festlich herausgeputzt, schmücken Stuben, Kirchen und Plätze. Weil sie wenig nadelt, ist die Nordmanntanne *(Abies nordmanniana)* heutzutage die beliebteste Baumart, gefolgt von der traditionellen Rotfichte *(Picea abies)*. Wer sich an seinem Christbaum bis tief in den Januar, nach alter Tradition gar bis Lichtmess (2. Februar) freuen möchte, sollte einen zu Weihnachten frisch geschlagenen Baum bevorzugen, ihn möglichst kühl aufstellen und vor allem mit Wasser versorgen. So mancher ist überzeugt, dass es auch darauf ankommt, den Baum zu einer bestimmten Mondphase, nämlich kurz vor Vollmond zu ernten.

Notizen/Geburtstage

_____

_____

_____

_____

27. Dezember

Flitter, Glitter, schöner Schein

An den ersten Weihnachtsbäumen, die wohl Anfang des 16. Jahrhunderts aufgestellt wurden, steckten nur Kerzen. Später kamen rote Äpfel hinzu, in Anspielung auf die Früchte des Paradiesbaums, von dem Adam und Eva aßen. Nüsse und Goldpapier erweiterten den Schmuck, sie erinnern vielleicht an die Gaben der Weisen aus dem Morgenland. Strohsterne stehen symbolisch für den Himmelskörper, der ihnen den Weg zur Krippe wies.

Notizen/Geburtstage

_____

_____

_____

_____

28. Dezember

Von Efeu umkränzt

Efeu war im antiken Griechenland Dionysos und im alten Rom Bacchus, den Göttern des Weins gewidmet. Vorsorglich trug man zu Weingelagen einen Kranz aus Efeu, auf dass er das vom Alkohol in Wallung gebrachte Blut im Kopf kühle. Wo gar reichlich Efeu grünte, dort vermuteten die Menschen die Götter persönlich anwesend.
Dionysische oder bacchantische Freuden wird diese von Efeu fast überwucherte Eiche kaum spenden, der Efeu aber vermag durchaus ihren Stamm vor Überhitzung zu schützen.

O sehet, es erregt mir den Geist der Efeu ...

Sophokles (496–406/405 v.Chr.)

Notizen/Geburtstage

_____

_____

_____

_____

29. Dezember

Raue Nächte

Zwischen Heiligabend und dem Dreikönigstag (6. Januar) liegen die Rau- oder Rauchnächte. Nach altem Volksglauben zieht die Wilde Jagd durchs Land, treiben Dämonen ihr Unwesen – werden aber auch die Weichen fürs neue Jahr gestellt. In einigen Gegenden Europas schlägt man zu dieser dunklen Jahreszeit die Bäume mit immergrünen Ruten oder Tüchern oder rüttelt an ihren Stämmen. Mit dem Ritual sollen die Bäume aus ihrem Schlaf geweckt werden.

Notizen/Geburtstage

30. Dezember

Papier vom Baum

Aus dem Holz der Bäume lässt sich eine Unterlage zum Beschreiben und Bemalen herstellen: Papier. Mit viel weniger Aufwand liefert die Rinde einiger Baumarten ein ähnliches Produkt, allen voran die Papierbirke *(Betula papyrifera)* mit ihrer schneeweißen, sich in dünnen Schichten abrollenden Borke. Bei diesen Bäumen kann man sich seine Zettel direkt vom Stamm abschälen. Birkenrinde dient aber nicht allein als Papier, dank der antiseptischen und antibiotischen Wirkung wird sie zur Wundabdeckung als Pflasterersatz und zur Aufbewahrung von Lebensmitteln als Einschlag verwendet. Behälter aus Birkenrinde, etwa Spanschachteln, lassen Luft zirkulieren, regulieren den Feuchtigkeitsgehalt des Inhalts und verhindern wegen ihrer Inhaltsstoffe Schimmelbefall.

Notizen/Geburtstage

31. Dezember

Feuer und Flamme

Ein knisterndes Holzfeuer spendet Wärme, nicht nur dem Körper, sondern auch dem Herzen. Ein Stück der innigen Verbundenheit, die wir Menschen zu Bäumen haben, ist sicher auch darin begründet.

Wohltätig ist des Feuers Macht,
wenn sie der Mensch bezähmt, bewacht.

Friedrich von Schiller (1759–1805)

_____

_____

_____

_____

Anhang

Register

Namen von Bäumen und anderen Pflanzen

Afrikanischer Tulpenbaum 14. März
Ahorn Vorwort, 20. Januar, 3. Februar, 25. April, 3., 29. Juli, 23., 25. September, 5., 19. Oktober, 23. November, 21. Dezember; siehe auch: *Bergahorn, Fächerahorn, Feldahorn, Hainbuchenblättriger Ahorn, Japanischer Ahorn, Oregon-Ahorn, Schlangenhaut-Ahorn, Spitzahorn, Zimt-Ahorn, Zuckerahorn*
Ahornblättrige Platane 27. Mai
Alaska-Zeder 27. September, 8. Oktober
Aleppo-Kiefer 11. Februar
Amerikanische Gleditschie 28. November
Apfel 11., 24., 31. März, 4., 15., 16., 23. April, 4., 9., 10. Mai, 9. September, 17. Oktober
Apfelsine siehe *Orange*
Aprikose 7. April, 4. Mai
Atlas-Zeder 27. August
Australischer Taschen- oder Beutelfarn 10. Februar

Baumfarn 10. Februar
Baumheiden 18. August

Bergahorn 20., 21. Februar, 10. März
Birke Vorwort, 27. Mai, 15. Juni, 6. Juli, 9. Oktober siehe auch: *Hängebirke, Papierbirke, Wasserbirke*
Birne 2. April, 4., 16., 26. April, 4. Mai, 9. September, 23. Oktober, 10. Dezember
Bitterorange siehe *Pomeranze*
Blauregen siehe *Glyzine*
Blütenkirsche siehe *Japanische Blütenkirsche*
Blutorange siehe *Orange*
Blutpflaume 13. April
Bonsai 24. Februar, 14. Juni, 18. September, 19. Oktober
Brotfruchtbaum 10. Oktober
Brotpalmfarn 14. November, 13. Dezember
Buche 3., 4., 7. Februar, 20. März, 21. Mai, 1. August, 20. Oktober, 16., 18. November, 21. Dezember siehe auch: *Drillingsbuche, Hainbuche, Rotbuche*
Buchsbaum 4. Januar, 22. April, 2. Juni, 28. August, 30. November

Douglasie 25. Mai, 22. August, 27. November
Drehkiefer 25. Mai
Drillingsbuche 20. März

Eberesche 15. September, 2. Oktober
Edelkastanie 10. Oktober
Edigna-Linde 22. Dezember
Efeu 6., 27. Februar, 28. Dezember
Eibe 4., 18. Januar, 11. März, 30. April, 2. Juni, 8. Juli, 15. November; siehe auch: *Europäische Eibe, Japanische Eibe, Pazifische Eibe*
Eiche Vorwort, 13., 15. Januar, 3., 4. Februar, 6. April, 21. Mai, 8., 10., 28. Juli, 1., 25. August, 6. September, 9. Oktober, 16., 19. November, 21. Dezember; siehe auch: *Frederiken-Eiche, Kermeseiche, Korkeiche, Libanon-Eiche, Oregon-Eiche, Roteiche, Steineiche, Stiel-Eiche, Trauben-Eiche*
Eisenbaum siehe *Hainbuche*
Erdbeerbaum siehe *Pazifischer Erdbeerbaum*
Esche 13. Mai, 21. Dezember; siehe auch: *Yggdrasil*
Esskastanie siehe *Edelkastanie*
Europäische Eibe 18. Januar, 8. Juli, 26. September
Europäische Lärche 7. Mai, 15. Juli

Fächerahorn 18. Oktober
Farn 20. Mai, 14. Juli; siehe auch: *Australischer Taschenfarn, Baumfarn, Brotpalmfarn*
Feige 9. Mai
Feldahorn 23. März

Felsengebirgs-Tanne 8. November
Fichte 17. Juli, 9., 10. Oktober,
   21., 23. Dezember, siehe auch:
   Schimmelfichte, Sitka-Fichte
Flechten 5. März, 24. September,
   7. Oktober, 26. November
Flugtanne 7. Oktober
Föhre siehe *Waldkiefer*
Frederiken-Eiche 14. September

»General Grant« 9. Februar
»General Sherman« 9. Februar
Ginkgo 4. Februar, 23. Juni,
   12. Juli
Ginster 18. August
Gleditschie siehe *Amerikanische
   Gleditschie*
Glyzine 24. Juni
Grannenkiefer 17. Juni

Hagebuche siehe *Hainbuche*
Hainbuche 27., 29. April, 1. Juni,
   6. September, 14. September,
   5., 7. November
Hainbuchenblättriger Ahorn
   5. Januar, 10. November
Hängebirke 6. Juli
Hängebuche siehe *Trauerbuche*
Hanfpalme 19. April
Hasel 2., 3. März, 23. Oktober
Heidekraut 7. Oktober
Hemlock-Tanne 19. Juli
Holunder 7. Dezember
Holzapfel 16. Mai
Honig-Robinie siehe *Amerikanische
   Gleditschie*
Hortensie 2. August
Huorn 26. Januar
Hyazinthen 18. April

Immergrüne Magnolie 9. August

Jakaranda siehe *Palisanderbaum*
Japanische Blütenkirsche 30. März,
   10., 18., 24. April
Japanische Eibe 14. Juni

Japanischer Ahorn 3. April
Japanischer Katsurabaum siehe
   Katsurabaum
Japanischer Knöterich 23. Mai
Japanische Zeder siehe *Sicheltanne*
Japanische Zierkirsche siehe *Japanische Blütenkirsche*
Judasbaum 3. Juni

Kastanie 4. Februar; siehe auch:
   *Edelkastanie, Rosskastanie,
   Stauchkastanie*
Katsurabaum 12. Juli, 28. September
Kermeseiche 15. Mai, 18. August
Kiefer 5., 7., 15. Februar, 27. Mai,
   17. Juli, 31. August, 7. Oktober;
   siehe auch: *Aleppo-Kiefer, Drehkiefer, Latschenkiefer, Grannenkiefer, Waldkiefer, Wollemi-Kiefer,
   Zirbelkiefer*
Kirsche 4. April, 2., 4. Mai, 5., 8. Mai;
   siehe auch: *Japanische Blütenkirsche, Maienkirsche*
Kirschpflaume 13. April
Kokospalme 30. September
Kopfweide 17. März, 21. Juni,
   2. August, 18. September
Korbweide 18. Dezember
Korkeiche 16. März, 15. Mai
Korkenzieher-Weide 21. März
Kork-Tanne siehe *Felsengebirgs-
   Tanne*
Kuchenbaum siehe *Katsurabaum*
Küstenmammutbaum 13. August
Kulturapfel siehe *Apfel*
Küstenkiefer siehe *Drehkiefer*

Lärche 17., 28. Juli; siehe auch:
   Europäische Lärche
Latschenkiefer 15. Juli
Laubholzmistel siehe *Mistel*
Lebensbaum 2. Juni; siehe auch:
   Riesen-Lebensbaum
Libanon-Eiche 21. Oktober
Libanon-Zeder 29. November
Linde 28., 30., 31. Januar, 4. Februar,

21., 27. Mai, 12. Juni, 8. Juli,
   12. September, 9. Oktober; siehe
   auch: *Edigna-Linde, Tassilo-Linde*
Lorbeer 30. Mai, 28. August

Magnolie siehe *Tulpen-Magnolie,
   Immergrüne Magnolie*
Mähnen-Zypresse 8. Oktober
Maibaum 1. Mai
Maienkirsche 25. April
Mandel 7. April, 3. Mai
Mistel 6. Dezember
Mittelmeer-Zypresse siehe *Zypresse*
Moose 9. März, 20. Mai, 14. Juli,
   4. August, 22. September,
   26. November
Morgenländische Platane
   8. Dezember
Myrten 18. August

Narzisse 31. März

Nordamerikanischer Tulpenbaum
   11. April
Nordmanntanne 26. Dezember
Nutka-Scheinzypresse siehe *Alaska-
   Zeder*

Ölbaum 7. April, 15., 29., 31. Mai,
   6., 7., 8., 17. Juni, 1. September,
   11. Oktober, 21. November,
   9. Dezember
Oleander 18. August
Olive siehe *Ölbaum*
Orange 19. März
Oregon-Ahorn 14. Oktober
Oregon-Eiche 2. Oktober

Palisanderbaum 17. Mai
Palme 22. Januar, 13. März, 16. Juni,
   17. Oktober; siehe auch: *Hanf-
   palme, Kokospalme*
Palmfarn siehe *Brotpalmfarn*
Papierbirke 30. Dezember
Pappel 9. Oktober, 20., 24. November; siehe auch: *Pyramiden-Pappel*

Pazifische Eibe 18. Januar
Pazifischer Erdbeerbaum
   20., 21. Juli
Pfirsich 8. April, 4. Mai
Pflaume 8. April, 4. Mai, 2. September; siehe auch: *Blutpflaume, Kirschpflaume*
Pilze 6., 26. November; siehe auch *Schmetterlingstramete*
Platane 4. Februar, 9. April, 27. Mai, 23. November; siehe auch: *Ahornblättrige Platane, Morgenländische Platane*
Pomeranze 10. Januar, 4. Februar
Pyramiden-Pappel 20. November

Riesen-Lebensbaum 7. März, 20. Mai, 3., 13. August, 8. September
Riesenmammutbaum 9. Februar
Robinie 27. Februar, 11., 14. Mai, 22. Juli, 6. August, 2. Oktober
Rose 4. Mai, 28. August
Rosskastanie 17. April, 16. Juli, 16. Oktober
Rostrote Alpenrose 15. Juli
Rotbuche 20. März, 10. Juni, 1., 19. August, 25., 26., 27., 31. Oktober, 10., 12., 18. November
Roteiche 15. Januar, 2., 4. November
Rotfichte 3. Oktober, 9. November, 26. Dezember
Rot-Zeder siehe *Riesen-Lebensbaum*

Quitte 4. Mai

Scheinakazie siehe *Robinie*
Schimmelfichte 25. Mai
Schlangenhaut-Ahorn 20. Januar
Schmetterlingstramete 27. Januar
Sicheltanne 19. Februar, 17. Juni
Silberweide 13. Februar, 17., 28. März, 11., 18. Dezember
Sitka-Fichte 19. Juli
Spitzahorn 5. April
Steineiche 15. Mai, 14., 17., 18. August, 14. September

Stiel-Eiche 6. April, 6. September, 19. November
Strauchkastanie 16. Juli
Sugi siehe *Sicheltanne*
Sumpf-Zypresse 26. August

Tanne 17. Juli, 9. Oktober, 23. Dezember; siehe auch: *Flugtanne, Hemlock-Tanne, Nordmanntanne, Weißtanne*
Tassilo-Linde 27. März
Thuje siehe *Lebensbaum*
Trauben-Eiche 3. Februar, 18. November
Traubenhyazinthen 18. April
Trauerbuche 15. März
Trauerweide 25. Februar, 18. März
Tulpenbaum siehe *Afrikanischer Tulpenbaum, Nordamerikanischer Tulpenbaum*
Tulpen-Magnolie 1. Februar, 25. März, 2. April

Ulme 28. Juli
Urweltmammutbaum 12. Juli

Vogelbeere 23. Oktober

Waldkiefer 7., 15. Februar, 12. März, 31. August, 10. Oktober, 3. Dezember
Walnuss 21. Mai, 23. Oktober
Wasser- oder *Rocky-Mountain-Birke* 6. März
Weide 12. April, 21. Juni, 2. August, 11., 18. Dezember; siehe auch: *Kopfweide, Korbweide, Korkenzieher-Weide, Silberweide, Trauerweide*
Wein 2. Juli
Weißbuche siehe *Hainbuche*
Weißfichte siehe *Schimmelfichte*
Weißtanne 23. Dezember
Wildapfel siehe *Holzapfel*
Wollemie-Kiefer 29. September

Yggdrasil 13. Mai

Zaubernuss 'Feuerzauber' 6. Januar
Zeder 27. August; siehe auch: *Atlas-Zeder, Lebensbaum, Riesen-Lebensbaum, Libanon-Zeder, Sicheltanne*
Zimt-Ahorn 19. Januar, 23. August
Zimtbaum 19. Januar
Zimt-Kassie 19. Januar
Zirbelkiefer 15. Juli
Zistrose 18. August
Zitrone 10., 11. Januar
Zitrusgewächs 10. Januar, 28. August
Zuckerahorn 23. September
Zwetschge 2. September
Zypresse 6., 18., 28. Juni, 9. Juli, 9. August; siehe auch: *Alaska-Zeder, Sicheltanne, Lebensbaum, Mähnen-Zypresse, Riesen-Lebensbaum, Sumpf-Zypresse*

Botanische Namen von Bäumen und anderen Pflanzen

Abies 17. Juli, 23. Dezember
– *alba* 23. Dezember
– *lasiocarpa* 8. November
– *nordmanniana* 26. Dezember
Acer 3., 29. Juli, 23., 25. September, 5. Oktober, 23. November, 21. Dezember
– *campestre* 23. März
– *capillipes* 20. Januar
– *carpinifolium* 5. Januar, 10. November
– *griseum* 19. Januar, 23. August
– *japonicum* 3. April
– *macrophyllum* 14. Oktober
– *palmatum* 3. April, 18. Oktober
– *platanoides* 5. April
– *pseudoplatanus* 20., 21. Februar, 10. März
– *saccharum* 23. September
Aesculus hippocastanum 17. April, 16. Juli, 16. Oktober
– *parviflora* 16. Juli
Arbutus menziensii 20., 21. Juli
Artocarpus altilis 10. Oktober

Betula 6. Juli
– *occidentalis* 6. März
– *papyrifera* 30. Dezember
– *pendula* 15. Juni, 6. Juli
Buxus sempervirens 4. Januar, 30. November

Carpinus betulus 27., 29. April, 1. Juni, 5., 7. November
Castanea sativa 10. Oktober
Cercidiphyllum japonicum 12. Juli, 28. September
Cedrus atlantica 27. August
– *libani* 29. November
Cercis siliquastrum 3. Juni
Chamaecyparis nootkatensis 27. September

Chamaecyparis nootkatensis 'Pendula' 8. Oktober
Cinnamomum cassia 19. Januar
– *verum* 19. Januar
Citrus sinensis 19. März
Cocos nucifera 30. September
Corylus avellana 2., 3. März
Cupressus sempervirens 6., 18., 28. Juni, 9. Juli, 9. August
Cryptomeria japonica 19. Februar, 17. Juni

Dicksonia antarctica 10. Februar

Encephalartos altensteinii 14. November
– *ferox* 13. Dezember

Fagus 16. November, 21. Dezember
– *sylvatica* 7. Februar, 20. März, 10. Juni, 1., 19. August, 25., 26., 27., 31. Oktober, 10., 12., 18. November
– *sylvatica* 'Pendula' 15. März
Fallopia japonica 23. Mai
Ficus carica 9. Mai
Fraxinus 21. Dezember
– *excelsior* 13. Mai

Gingko biloba 23. Juni, 12. Juli
Gleditsia triacanthos 28. November

Hamamelis x *intermedia* 6. Januar
Hedera helix 6. Februar
Hydrangea 2. August

Jacaranda mimosifolia 17. Mai

Larix 17. Juli
– *decidua* 7. Mai, 15. Juli
Laurus nobilis 30. Mai
Liriodendron tulipifera 11. April

Magnolia grandiflora 9. August
– x *soulangeana* 1. Februar, 25. März, 2. April

Malus domestica 11. März, 15., 23. April
– *sylvestris* 16. Mai
Metasequoia gyptostroboides 12. Juli

Narcissus poeticus 31. März

Olea europaea 15., 29., 31. Mai, 6., 8., 17. Juni, 1. September, 11. Oktober, 21. November, 9. Dezember

Picea 17. Juli, 23. Dezember
– *abies* 3., 10. Oktober, 9. November, 21., 26. Dezember
Picea glauca 25. Mai
– *sitchensis* 19. Juli
Pinus 5. Februar, 17. Juli
– *aristata* 17. Juni
– *cembra* 15. Juli
– *contorta* 25. Mai
– *halepensis* 10. Februar
– *mugo* 15. Juli
– *sylvestris* 7., 15. Februar, 12. März, 31. August, 7., 10. Oktober
Platanus orientalis 8. Dezember
– x *acerifolia* 27. Mai
– x *hispanica* 9. April, 23. November, 16. Dezember
Populus 20., 24. November
– *nigra* 'Italica' 20. November
Prunus armeniaca 7. April
– *cerasifera* 'Nigra' 13. April
– *domestica* ssp. *domestica* 2. September
– *persica* 8. April
– *serrulata* 30. März, 18., 24. April
– *serrulata* 'Shirofugen' 10. April
– *triloba* 3. Mai
– x *yedoensis* 25. April
Pseudotsuga menziesii 25. Mai, 22. August, 27. November
Pyrus communis 2., 4., 26. April, 10. Dezember

Quercus 13. Januar, 25. August,
  16. November, 21. Dezember
– *coccifera* 18. August
– *garryana* 2. Oktober
Quercus ilex 14., 17., 18. August
– *libani* 21. Oktober
– *petraea* 3. Februar, 18. November
– *robur* 6. April, 14. September,
  19. November
– *rubra* 15. Januar, 2., 4. November
– *suber* 16. März

Rhododendron ferrugineum 15. Juli
Robinia pseudoacacia 27. Februar,
  11., 14. Mai, 22. Juli, 6. August

Salix 21. Juni, 2. August
– *alba* 13. Februar, 17., 28. März,
  11., 18. Dezember
– *alba* 'Tristis' 25. Februar, 18. März
– *matsudana* 'Tortuosa' 21. März
– *viminalis* 18. Dezember
Sambucus nigra 7. Dezember
Sequoia sempervirens 13. August
Sequoiadendron giganteum
  9. Februar
Sorbus aucuparia 15. September
Spathodea campanulata 14. März

Taxodium distichum 26. August
Taxus 18. Januar
– *baccata* 4., 18. Januar, 11. März,
  8. Juli, 26. September, 15. November
– *brevifolia* 18. Januar
– *cuspidata* 14. Juni
Thuja plicata 7. März, 20. Mai,
  3., 13. August, 8. September
Tilia 31. Januar, 12. Juni,
  12. September
Trachycarpus fortunei 19. April
Trametes versicolor 27. Januar
Tsuga heterophylla 19. Juli

Viscum album ssp. *album*
  6. Dezember

Vitis vinifera ssp. *vinifera* 2. Juli

Wisteria 24. Juni
Wollemia nobilis 29. September

Adressen

Wir bedanken uns besonders bei den folgenden Organisationen für die Genehmigung zur Veröffentlichung der Fotos:

*Botanischer Garten
München-Nymphenburg*
Menzinger Straße 65
80638 München
www.botmuc.de
5., 19., 20. Januar, 16., 27. Februar,
28. November, 28. Dezember

*Botanische Tuinen Von Gimborn
Arboretum*
Velperengh 13
3941 BZ Doorn
Niederlande
19. Februar, 15. Juni, 3., 14., 16. Juli,
22., 23. August, 9., 27. November,
23. Dezember

Bronnen Bomen
Meerwijkselaan 23
6564 BS Heilig Landstichting
Niederlande
www.bronnen.nl
5., 16. Mai

De Tuinen van Appeltern
Walstraat 2a
6629 AD Appeltern
Niederlande
www.appeltern.nl
25. Januar, 18. Februar, 1., 12. April,
23., 24. Mai, 14. Juni, 29. Juli, 2., 5. August

De Tuinen van Ineke Greve
Huys de Dohm
De Doom 50
6419CX Heerlen
Niederlande
www.inekegreve.nl

2. Februar, 31. März, 9., 22.,
30. April, 30. August, 7. November

Giardino La Foce
61 Strada della Vittoria
53042 Chianciano Terme
Italien
www.lafoce.com
10. Januar, 24., 27. Juni, 9. August

Hortus Botanicus Amsterdam
Plantage Middenlaan 2a
1018 DD Amsterdam
Niederlande
www.dehortus.nl
22. Januar, 14. November,
13. Dezember

Hortus Botanicus Leiden
Rapenburg 73
2311 GJ Leiden
Niederlande
www.hortus.leidenuniv.nl
13., 18. Januar, 6., 10., 17. Februar,
15., 16. März, 8. Juli, 26. September,
21. Oktober, 8. Dezember

International Buddhist Temple
9160 Steveston Highway
Richmond, B.C.
V7A 1M5
Kanada
www.BuddhistTemple.ca
Mit Dank für die Übersetzung
an Frau Hui Feng, www.huifeng.de
24. Februar, 18. September,
19. Oktober

Kasteel Doorwerth
Im Besitz von Geldersch Landschap &
Gelderische Kasteelen
Fonteinallee 2
6865 ND Doorwerth
Niederlande
www.mooigelderland.nl
4. Juli, 22. Juli

Kasteel en Tuinen Middachten
Landgoed Middachten 3
6994 JC De Steeg
Niederlande
www.middachten.nl
24, Juli, 27., 28. August

Kasteel Ter Worm
Terworm 5
6411 RV Heerlen
Niederlande
www.terworm.nl
24. Dezember

Keukenhof
Stationsweg 166a
2161 AM Lisse
Niederlande
www.keukenhof.nl
29. März, 18., 27. April

*Nederlands Openluchtmuseum
te Arnhem*
Schelmseweg 89
6800 AP Arnhem
Niederlande
www.freilichtmuseum.nl
4. Januar, 11., 17., 18. März

Paleis Het Loo Nationaal Museum
Koninklijk Park 1
7315 JA Apeldoorn
Niederlande
www.paleishetloo.nl
9., 18. Mai, 1., 2. Juni

Paradies Gartengalerie
Ollerlohstraße 16
25337 Elmshorn
www.paradies-gartengalerie.de
7. Juli, 24. August

Arboreten, Botanische Gärten und Gärten mit bemerkenswertem Baumbestand

Angesichts der Fülle an Adressen, die den Rahmen hier sprengen würden, möchten wir stellvertretend auf zwei Seiten im Internet verweisen, die umfassende Listen von Parks und Gärten führen.

Informationssystem Botanischer Gärten:
www.biologie.uni-ulm.de/systax/infgard/gardens

Linksammlung zu Gärten weltweit:
www.gartenlinksammlung.de

Interessante Baum-Adressen im Internet

www.baumkunde.de
www.baum-des-jahres.de
www.wald.de
www.ddg-web.de
www.alte-baeume.de
www.baumarchiv.de
www.baumveteranen.de

www.gehoelze.ch
www.bfw.ac.at
www.monumentaltrees.eu
www.treeregister.org
www.british-trees.com

Zu den Autorinnen

Karin Greiner ist Diplom-Biologin und schreibt Bücher zum Thema Garten und Natur. Seit 1994 tritt sie als Pflanzenexpertin beim Bayerischen Rundfunk auf. Bei einer Fortbildungseinrichtung für Ethnobotanik unterrichtet sie Kräuterpädagogen. Sie lebt in der Nähe von Dachau bei München. Weitere Informationen unter: www.pflanzenlust.de

Dr. Angelika Weber, ebenfalls Diplom-Biologin, gründete und leitet zusammen mit Frau Karin Greiner das Institut für botanisch ökologische Beratung in München. Auch sie ist Autorin zahlreicher Garten- und Pflanzenbücher, daneben war sie viele Jahre im beratenden Ausschuss der EU Kommission für Obst, Gemüse und Zierpflanzen tätig.

Zur Fotografin

Sabine Mey-Gordeyns studierte Kunsttherapie und Betriebswirtschaft und war viele Jahre in Beratung, Verkauf und Training tätig. Seit 2005 arbeitet sie als Künstlerin und Fotografin mit Schwerpunkt Natur- und Gartenfotografie und hatte zahlreiche Ausstellungen und Publikationen. Sie lebt in der Nähe von Eindhoven in den Niederlanden.
Weitere Informationen unter www.sabinemey.com

Impressum

Diese Ausgabe wurde auf chlor- und säurefrei gebleichtem, alterungsbeständigem Papier gedruckt.

1. Auflage
Copyright © 2009 Deutsche Verlags-Anstalt, München,
in der Verlagsgruppe Random House GmbH
Alle Rechte vorbehalten
Alle Fotos von Sabine Mey-Gordeyns außer:
4. März, 7. April, 17. Mai, 29. Juni, 29. November
und 16. Dezember von Roland Thomas
Satz und Layout: Monika Pitterle/DVA
Gesetzt aus der Avenir LT Std und der Americana Std
Lithographie: Helio Repro GmbH, München
Druck und Bindung: Mohn Media Mohndruck, Gütersloh
Printed in Germany
ISBN 978-3-421-03692-6

www.dva.de